UZBEQUE

VOCABULÁRIO

PORTUGUÊS BRASILEIRO

PORTUGUÊS UZBEQUE

Para alargar o seu léxico e apurar
as suas competências linguísticas

3000 palavras

Vocabulário Português Brasileiro-Uzbeque - 3000 palavras

Por Andrey Taranov

Os vocabulários da T&P Books destinam-se a ajudar a aprender, a memorizar, e a rever palavras estrangeiras. O dicionário é dividido em temas, cobrindo todas as principais esferas de atividades quotidianas, negócios, ciência, cultura, etc.

O processo de aprendizagem, utilizando os dicionários baseados em temáticas da T&P Books dá-lhe as seguintes vantagens:

- Informação de origem corretamente agrupada predetermina o sucesso em fases subsequentes da memorização de palavras
- Disponibilização de palavras derivadas da mesma raiz, o que permite a memorização de unidades de texto (em vez de palavras separadas)
- Pequenas unidades de palavras facilitam o processo de estabelecimento de vínculos associativos necessários para a consolidação do vocabulário
- O nível de conhecimento da língua pode ser estimado pelo número de palavras aprendidas

T&P Books Publishing
www.tpbooks.com

ISBN: 978-1-78767-437-0

Este livro também está disponível em formato E-book.
Por favor visite www.tpbooks.com ou as principais livrarias on-line.

VOCABULÁRIO UZBEQUE
palavras mais úteis

Os vocabulários da T&P Books destinam-se a ajudar a aprender, a memorizar, e a rever palavras estrangeiras. O vocabulário contém mais de 3000 palavras de uso comum organizadas tematicamente.

O vocabulário contém as palavras mais comummente usadas

Recomendado como adicional para qualquer curso de línguas

Satisfaz as necessidades dos iniciados e dos alunos avançados de línguas estrangeiras

Conveniente para o uso diário, sessões de revisão e atividades de auto-teste

Permite avaliar o seu vocabulário

Características especias do vocabulário

- As palavras estão organizadas de acordo com o seu significado, e não por ordem alfabética
- As palavras são apresentadas em três colunas para facilitar os processos de revisão e auto-teste
- As palavras compostas são divididas em pequenos blocos para facilitar o processo de aprendizagem
- O vocabulário oferece uma transcrição simples e adequada de cada palavra estrangeira

O vocabulário contém 101 tópicos incluindo:

Conceitos básicos, Números, Cores, Meses, Estações do ano, Unidades de medida, Roupas & Acessórios, Alimentos & Nutrição, Restaurante, Membros da Família, Parentes, Caráter, Sentimentos, Emoções, Doenças, Cidade, Passeios, Compras, Dinheiro, Casa, Lar, Escritório, Trabalho no Escritório, Importação & Exportação, Marketing, Pesquisa de Emprego, Esportes, Educação, Computador, Internet, Ferramentas, Natureza, Países, Nacionalidades e muito mais ...

TABELA DE CONTEÚDOS

GUIA DE PRONUNCIAÇÃO

Letra	Exemplo Uzbeque	Alfabeto fonético T&P	Exemplo Português
A a	satr	[a]	chamar
B b	kutubxona	[b]	barril
D d	marvarid	[d]	dentista
E e	erkin	[e]	metal
F f	mukofot	[f]	safári
G g	girdob	[g]	gosto
Gʻ gʻ	gʻildirak	[ɣ]	agora
H h	hasharot	[h]	[h] aspirada
I i	kirish	[i], [iː]	sinônimo
J j	natija	[dʒ]	adjetivo
K k	namlik	[k]	aquilo
L l	talaffuz	[l]	libra
M m	tarjima	[m]	magnólia
N n	nusxa	[n]	natureza
O o	bosim	[ɒ], [o]	de volta
Oʻ oʻ	oʻsimlik	[ø]	orgulhoso
P p	polapon	[p]	presente
Q q	qor	[q]	teckel
R r	rozilik	[r]	riscar
S s	siz	[s]	sanita
T t	tashkilot	[t]	tulipa
U u	uchuvchi	[u]	bonita
V v	vergul	[w]	página web
X x	xonadon	[ĥ]	[h] suave
Y y	yigit	[j]	Vietnã
Z z	zirak	[z]	sésamo
ch	chang	[tʃ]	Tchau!
sh	shikoyat	[ʃ]	mês
' [1]	san'at	[ː], [--]	mudo

Comentários

[1]   [ː] - Prolonga a vogal anterior; após consoantes é usado como um 'sinal forte'

ABREVIATURAS
usadas no vocabulário

Abreviaturas do Português

adj	-	adjetivo
adv	-	advérbio
anim.	-	animado
conj.	-	conjunção
desp.	-	esporte
etc.	-	Etcetera
ex.	-	por exemplo
f	-	nome feminino
f pl	-	feminino plural
fem.	-	feminino
inanim.	-	inanimado
m	-	nome masculino
m pl	-	masculino plural
m, f	-	masculino, feminino
masc.	-	masculino
mat.	-	matemática
mil.	-	militar
pl	-	plural
prep.	-	preposição
pron.	-	pronome
sb.	-	sobre
sing.	-	singular
v aux	-	verbo auxiliar
vi	-	verbo intransitivo
vi, vt	-	verbo intransitivo, transitivo
vr	-	verbo reflexivo
vt	-	verbo transitivo

CONCEITOS BÁSICOS

1. Pronomes

eu	мен	men
você	сен	sen
ele, ela	у	u
nós	биз	biz
vocês	сиз	siz
eles, elas	улар	ular

2. Cumprimentos. Saudações

Oi!	Салом!	Salom!
Olá!	Ассалому алайкум!	Assalomu alaykum!
Bom dia!	Хайрли тонг!	Xayrli tong!
Boa tarde!	Хайрли кун!	Xayrli kun!
Boa noite!	Хайрли оқшом!	Xayrli oqshom!
cumprimentar (vt)	саломлашмоқ	salomlashmoq
Oi!	Салом бердик!	Salom berdik!
saudação (f)	салом	salom
saudar (vt)	салом бермоқ	salom bermoq
Como você está?	Ишларингиз қалай?	Ishlaringiz qalay?
Como vai?	Ишларинг қалай?	Ishlaring qalay?
E aí, novidades?	Янгилик борми?	Yangilik bormi?
Tchau! Até logo!	Хайр!	Xayr!
Até breve!	Кўришқунча хайр!	Ko'rishquncha xayr!
Adeus!	Соғ бўлинг!	Sog' bo'ling!
despedir-se (dizer adeus)	хайрлашмоқ	xayrlashmoq
Até mais!	Ҳозирча хайр!	Hozircha xayr!
Obrigado! -a!	Раҳмат!	Rahmat!
Muito obrigado! -a!	Катта раҳмат!	Katta rahmat!
De nada	Марҳамат	Marhamat
Não tem de quê	Ташаккур билдиришга арзимайди.	Tashakkur bildirishga arzimaydi.
Não foi nada!	Арзимайди	Arzimaydi
Desculpa!	Кечир!	Kechir!
Desculpe!	Кечиринг!	Kechiring!
desculpar (vt)	кечирмоқ	kechirmoq
desculpar-se (vr)	кечирим сўрамоқ	kechirim so'ramoq
Me desculpe	Мени кечиргайсиз.	Meni kechirgaysiz.
Desculpe!	Афв етасиз!	Afv etasiz!

perdoar (vt)	афв этмоқ	afv etmoq
Não faz mal	Хечқиси йўқ!	Hechqisi yo'q!
por favor	марҳамат қилиб	marhamat qilib
Não se esqueça!	Унутманг!	Unutmang!
Com certeza!	Албатта!	Albatta!
Claro que não!	Албатта, йўқ!	Albatta, yo'q!
Está bem! De acordo!	Розиман!	Roziman!
Chega!	Бас!	Bas!

3. Questões

Quem?	Ким?	Kim?
O que?	Нима?	Nima?
Onde?	Қаерда?	Qaerda?
Para onde?	Қаерга?	Qaerga?
De onde?	Қаердан?	Qaerdan?
Quando?	Қачон?	Qachon?
Para quê?	Нега?	Nega?
Por quê?	Нима сабабдан?	Nima sababdan?
Para quê?	Нима учун?	Nima uchun?
Como?	Қандай?	Qanday?
Qual (~ é o problema?)	Қанақа?	Qanaqa?
Qual (~ deles?)	Қайси?	Qaysi?
A quem?	Кимга?	Kimga?
De quem?	Ким ҳақида?	Kim haqida?
Do quê?	Нима ҳақида?	Nima haqida?
Com quem?	Ким билан?	Kim bilan?
Quantos? -as?	Нечта?	Nechta?
Quanto?	Қанча?	Qancha?
De quem? (masc.)	Кимники?	Kimniki?

4. Preposições

com (prep.)	… билан	… bilan
sem (prep.)	… сиз	… siz
a, para (exprime lugar)	… га	… ga
sobre (ex. falar ~)	ҳақида	haqida
antes de …	аввал	avval
em frente de …	олдин	oldin
debaixo de …	тагида	tagida
sobre (em cima de)	устида	ustida
em …, sobre …	… да	… da
de, do (sou ~ Rio de Janeiro)	… дан	… dan
de (feito ~ pedra)	… дан	… dan
em (~ 3 dias)	… дан кейин	… dan keyin
por cima de …	устидан	ustidan

5. Palavras funcionais. Advérbios. Parte 1

Onde?	Қаерда?	Qaerda?
aqui	шу ерда	shu erda
lá, ali	у ерда	u erda
em algum lugar	қаердадир	qaerdadir
em lugar nenhum	ҳеч қаерда	hech qaerda
perto de ...	... ёнида	... yonida
perto da janela	дераза ёнида	deraza yonida
Para onde?	Қаерга?	Qaerga?
aqui	бу ерга	bu erga
para lá	у ерга	u erga
daqui	бу ердан	bu erdan
de lá, dali	у ердан	u erdan
perto	яқин	yaqin
longe	узоқ	uzoq
perto de ...	ёнида, яқинида	yonida, yaqinida
à mão, perto	ёнма-ён	yonma-yon
não fica longe	узоқ емас	uzoq emas
esquerdo (adj)	чап	chap
à esquerda	чапдан	chapdan
para a esquerda	чапга	chapga
direito (adj)	ўнг	o'ng
à direita	ўнгда	o'ngda
para a direita	ўнгга	o'ngga
em frente	олдида	oldida
da frente	олдинги	oldingi
adiante (para a frente)	олдинга	oldinga
atrás de ...	орқада	orqada
de trás	орқадан	orqadan
para trás	орқага	orqaga
meio (m), metade (f)	ўрта	o'rta
no meio	ўртада	o'rtada
do lado	ёнида	yonida
em todo lugar	ҳар ерда	har erda
por todos os lados	атрофда	atrofda
de dentro	ичида	ichida
para algum lugar	қаергадир	qaergadir
diretamente	тўғри йўлдан	to'g'ri yo'ldan
de volta	қарама-қарши томонга	qarama-qarshi tomonga
de algum lugar	бирор жойдан	biror joydan
de algum lugar	қаердандир	qaerdandir

em primeiro lugar	биринчидан	birinchidan
em segundo lugar	иккинчидан	ikkinchidan
em terceiro lugar	учинчидан	uchinchidan
de repente	тўсатдан	to'satdan
no início	дастлаб	dastlab
pela primeira vez	илк бор	ilk bor
muito antes de …	анча олдин	ancha oldin
de novo	янгидан	yangidan
para sempre	бутунлай	butunlay
nunca	ҳеч қачон	hech qachon
de novo	яна	yana
agora	ҳозир	hozir
frequentemente	тез-тез	tez-tez
então	ўшанда	o'shanda
urgentemente	тезда	tezda
normalmente	одатда	odatda
a propósito, …	айтганча, …	aytgancha, …
é possível	бўлиши мумкин	bo'lishi mumkin
provavelmente	эҳтимол	ehtimol
talvez	бўлиши мумкин	bo'lishi mumkin
além disso, …	ундан ташқари, …	undan tashqari, …
por isso …	шунинг учун	shuning uchun
apesar de …	… га қарамай	… ga qaramay
graças a …	… туфайли	… tufayli
que (pron.)	нима	nima
que (conj.)	… ки	… ki
algo	қандайдир	qandaydir
alguma coisa	бирор нарса	biror narsa
nada	ҳеч нарса	hech narsa
quem	ким	kim
alguém (~ que …)	кимдир	kimdir
alguém (com ~)	бирортаси	birortasi
ninguém	ҳеч ким	hech kim
para lugar nenhum	ҳеч қаерга	hech qaerga
de ninguém	эгасиз	egasiz
de alguém	бирор кимсаники	biror kimsaniki
tão	шундай	shunday
também (gostaria ~ de …)	ҳамда	hamda
também (~ eu)	ҳам	ham

6. Palavras funcionais. Advérbios. Parte 2

Por quê?	Нимага?	Nimaga?
por alguma razão	нимагадир	nimagadir
porque …	чунки …	chunki …
por qualquer razão	негадир	negadir
e (tu ~ eu)	ва	va

ou (ser ~ não ser)	ёки	yoki
mas (porém)	лекин	lekin
para (~ a minha mãe)	учун	uchun

muito, demais	жуда ҳам	juda ham
só, somente	фақат	faqat
exatamente	аниқ	aniq
cerca de (~ 10 kg)	тақрибан	taqriban

aproximadamente	тахминан	taxminan
aproximado (adj)	тахминий	taxminiy
quase	деярли	deyarli
resto (m)	қолгани	qolgani

o outro (segundo)	нариги	narigi
outro (adj)	бошқа	boshqa
cada (adj)	ҳар бир	har bir
qualquer (adj)	ҳар қандай	har qanday
muito, muitos, muitas	кўп	ko'p
muitas pessoas	кўпчилик	ko'pchilik
todos	барча	barcha

em troca de …	… ўрнига	… o'rniga
em troca	евазига	evaziga
à mão	қўл билан	qo'l bilan
pouco provável	эҳтимолдан узоқ	ehtimoldan uzoq

provavelmente	эҳтимол	ehtimol
de propósito	атайин	atayin
por acidente	тасодифан	tasodifan

muito	жуда	juda
por exemplo	масалан	masalan
entre	ўртасида	o'rtasida
entre (no meio de)	ичида	ichida
tanto	шунча	shuncha
especialmente	айниқса	ayniqsa

NÚMEROS. DIVERSOS

7. Números cardinais. Parte 1

zero	нол	nol
um	бир	bir
dois	икки	ikki
três	уч	uch
quatro	тўрт	to'rt
cinco	беш	besh
seis	олти	olti
sete	етти	etti
oito	саккиз	sakkiz
nove	тўққиз	to'qqiz
dez	ўн	o'n
onze	ўн бир	o'n bir
doze	ўн икки	o'n ikki
treze	ўн уч	o'n uch
catorze	ўн тўрт	o'n to'rt
quinze	ўн беш	o'n besh
dezesseis	ўн олти	o'n olti
dezessete	ўн етти	o'n etti
dezoito	ўн саккиз	o'n sakkiz
dezenove	ўн тўққиз	o'n to'qqiz
vinte	йигирма	yigirma
vinte e um	йигирма бир	yigirma bir
vinte e dois	йигирма икки	yigirma ikki
vinte e três	йигирма уч	yigirma uch
trinta	ўттиз	o'ttiz
trinta e um	ўттиз бир	o'ttiz bir
trinta e dois	ўттиз икки	o'ttiz ikki
trinta e três	ўттиз уч	o'ttiz uch
quarenta	қирқ	qirq
quarenta e um	қирқ бир	qirq bir
quarenta e dois	қирқ икки	qirq ikki
quarenta e três	қирқ уч	qirq uch
cinquenta	еллик	ellik
cinquenta e um	еллик бир	ellik bir
cinquenta e dois	еллик икки	ellik ikki
cinquenta e três	еллик уч	ellik uch
sessenta	олтмиш	oltmish
sessenta e um	олтмиш бир	oltmish bir

| sessenta e dois | олтмиш икки | oltmish ikki |
| sessenta e três | олтмиш уч | oltmish uch |

setenta	етмиш	etmish
setenta e um	етмиш бир	etmish bir
setenta e dois	етмиш икки	etmish ikki
setenta e três	етмиш уч	etmish uch

oitenta	саксон	sakson
oitenta e um	саксон бир	sakson bir
oitenta e dois	саксон икки	sakson ikki
oitenta e três	саксон уч	sakson uch

noventa	тўқсон	to'qson
noventa e um	тўқсон бир	to'qson bir
noventa e dois	тўқсон икки	to'qson ikki
noventa e três	тўқсон уч	to'qson uch

8. Números cardinais. Parte 2

cem	юз	yuz
duzentos	икки юз	ikki yuz
trezentos	уч юз	uch yuz
quatrocentos	тўрт юз	to'rt yuz
quinhentos	беш юз	besh yuz

seiscentos	олти юз	olti yuz
setecentos	етти юз	etti yuz
oitocentos	саккиз юз	sakkiz yuz
novecentos	тўққиз юз	to'qqiz yuz

mil	минг	ming
dois mil	икки минг	ikki ming
três mil	уч минг	uch ming
dez mil	ўн минг	o'n ming
cem mil	юз минг	yuz ming
um milhão	миллион	million
um bilhão	миллиард	milliard

9. Números ordinais

primeiro (adj)	биринчи	birinchi
segundo (adj)	иккинчи	ikkinchi
terceiro (adj)	учинчи	uchinchi
quarto (adj)	тўртинчи	to'rtinchi
quinto (adj)	бешинчи	beshinchi

sexto (adj)	олтинчи	oltinchi
sétimo (adj)	еттинчи	ettinchi
oitavo (adj)	саккизинчи	sakkizinchi
nono (adj)	тўққизинчи	to'qqizinchi
décimo (adj)	ўнинчи	o'ninchi

CORES. UNIDADES DE MEDIDA

10. Cores

cor (f)	ранг	rang
tom (m)	рангдаги нозик фарк	rangdagi nozik farq
tonalidade (m)	тус	tus
arco-íris (m)	камалак	kamalak
branco (adj)	оқ	oq
preto (adj)	қора	qora
cinza (adj)	кул ранг	kul rang
verde (adj)	яшил	yashil
amarelo (adj)	сариқ	sariq
vermelho (adj)	қизил	qizil
azul (adj)	кўк	ko'k
azul claro (adj)	ҳаво ранг	havo rang
rosa (adj)	пушти	pushti
laranja (adj)	тўқ сариқ	to'q sariq
violeta (adj)	бинафша ранг	binafsha rang
marrom (adj)	жигар ранг	jigar rang
dourado (adj)	олтин ранг	oltin rang
prateado (adj)	кумуш ранг	kumush rang
bege (adj)	оч жигар ранг	och jigar rang
creme (adj)	оч сариқ ранг	och sariq rang
turquesa (adj)	феруза ранг	feruza rang
vermelho cereja (adj)	олча ранг	olcha rang
lilás (adj)	нафармон	nafarmon
carmim (adj)	тўқ қизил ранг	to'q qizil rang
claro (adj)	оч	och
escuro (adj)	тўқ	to'q
vivo (adj)	ёрқин	yorqin
de cor	рангли	rangli
a cores	рангли	rangli
preto e branco (adj)	оқ-қора	oq-qora
unicolor (de uma só cor)	бир рангдаги	bir rangdagi
multicolor (adj)	ранг-баранг	rang-barang

11. Unidades de medida

peso (m)	вазн	vazn
comprimento (m)	узунлик	uzunlik

largura (f)	кенглик	kenglik
altura (f)	баландлик	balandlik
profundidade (f)	чуқурлик	chuqurlik
volume (m)	ҳажм	hajm
área (f)	майдон	maydon

grama (m)	грамм	gramm
miligrama (m)	миллиграмм	milligramm
quilograma (m)	килограмм	kilogramm
tonelada (f)	тонна	tonna
libra (453,6 gramas)	фунт	funt
onça (f)	унция	untsiya

metro (m)	метр	metr
milímetro (m)	миллиметр	millimetr
centímetro (m)	сантиметр	santimetr
quilômetro (m)	километр	kilometr
milha (f)	миля	milya

polegada (f)	дюйм	dyuym
pé (304,74 mm)	фут	fut
jarda (914,383 mm)	ярд	yard

metro (m) quadrado	квадрат метр	kvadrat metr
hectare (m)	гектар	gektar

litro (m)	литр	litr
grau (m)	градус	gradus
volt (m)	волт	volt
ampère (m)	ампер	amper
cavalo (m) de potência	от кучи	ot kuchi

quantidade (f)	миқдор	miqdor
um pouco de ...	бироз ...	biroz ...
metade (f)	ярим	yarim
dúzia (f)	ўн иккита	o'n ikkita
peça (f)	дона	dona

tamanho (m), dimensão (f)	ўлчам	o'lcham
escala (f)	масштаб	masshtab

mínimo (adj)	минимал	minimal
menor, mais pequeno	энг кичик	eng kichik
médio (adj)	ўрта	o'rta
máximo (adj)	максимал	maksimal
maior, mais grande	энг катта	eng katta

12. Recipientes

pote (m) de vidro	банка	banka
lata (~ de cerveja)	банка	banka
balde (m)	челак	chelak
barril (m)	бочка	bochka
bacia (~ de plástico)	жом	jom

tanque (m)	бак	bak
cantil (m) de bolso	фляжка	flyajka
galão (m) de gasolina	канистра	kanistra
cisterna (f)	систерна	sisterna
caneca (f)	кружка	krujka
xícara (f)	косача	kosacha
pires (m)	ликопча	likopcha
copo (m)	стакан	stakan
taça (f) de vinho	қадаҳ	qadah
panela (f)	кастрюл	kastryul
garrafa (f)	бутилка	butilka
gargalo (m)	бўғзи	bo'g'zi
jarra (f)	графин	grafin
jarro (m)	кўза	ko'za
recipiente (m)	идиш	idish
pote (m)	хумча	xumcha
vaso (m)	ваза	vaza
frasco (~ de perfume)	флакон	flakon
frasquinho (m)	шишача	shishacha
tubo (m)	тюбик	tyubik
saco (ex. ~ de açúcar)	қоп	qop
sacola (~ plastica)	қоғоз халта	qog'oz xalta
maço (de cigarros, etc.)	қути	quti
caixa (~ de sapatos, etc.)	қути	quti
caixote (~ de madeira)	яшик	yashik
cesto (m)	сават	savat

VERBOS PRINCIPAIS

13. Os verbos mais importantes. Parte 1

abrir (vt)	очмоқ	ochmoq
acabar, terminar (vt)	тугатмоқ	tugatmoq
aconselhar (vt)	маслаҳат бермоқ	maslahat bermoq
adivinhar (vt)	топмоқ	topmoq
advertir (vt)	огоҳлантирмоқ	ogohlantirmoq
ajudar (vt)	ёрдамлашмоқ	yordamlashmoq
almoçar (vi)	тушлик қилмоқ	tushlik qilmoq
alugar (~ um apartamento)	ижарага олмоқ	ijaraga olmoq
amar (pessoa)	севмоқ	sevmoq
ameaçar (vt)	пўписа қилмоқ	po'pisa qilmoq
anotar (escrever)	ёзиб олмоқ	yozib olmoq
apressar-se (vr)	шошилмоқ	shoshilmoq
arrepender-se (vr)	афсусланмоқ	afsuslanmoq
assinar (vt)	имзоламоқ	imzolamoq
brincar (vi)	ҳазиллашмоқ	hazillashmoq
brincar, jogar (vi, vt)	ўйнамоқ	o'ynamoq
buscar (vt)	... изламоқ	... izlamoq
caçar (vi)	ов қилмоқ	ov qilmoq
cair (vi)	йиқилмоқ	yiqilmoq
cavar (vt)	қазимоқ	qazimoq
chamar (~ por socorro)	чақирмоқ	chaqirmoq
chegar (vi)	етиб келмоқ	etib kelmoq
chorar (vi)	йиғламоқ	yig'lamoq
começar (vt)	бошламоқ	boshlamoq
comparar (vt)	солиштирмоқ	solishtirmoq
concordar (dizer "sim")	рози бўлмоқ	rozi bo'lmoq
confiar (vt)	ишонмоқ	ishonmoq
confundir (equivocar-se)	адаштирмоқ	adashtirmoq
conhecer (vt)	танимоқ	tanimoq
contar (fazer contas)	ҳисобламоқ	hisoblamoq
contar com ...	... га умид қилмоқ	... ga umid qilmoq
continuar (vt)	давом еттирмоқ	davom ettirmoq
controlar (vt)	назорат қилмоқ	nazorat qilmoq
convidar (vt)	таклиф қилмоқ	taklif qilmoq
correr (vi)	югурмоқ	yugurmoq
criar (vt)	яратмоқ	yaratmoq
custar (vt)	арзимоқ	arzimoq

14. Os verbos mais importantes. Parte 2

dar (vt)	бермоқ	bermoq
dar uma dica	ишора қилмоқ	ishora qilmoq
decorar (enfeitar)	безамоқ	bezamoq
defender (vt)	ҳимоя қилмоқ	himoya qilmoq
deixar cair (vt)	туширмоқ	tushirmoq
descer (para baixo)	тушмоқ	tushmoq
desculpar (vt)	кечирмоқ	kechirmoq
desculpar-se (vr)	кечирим сўрамоқ	kechirim so'ramoq
dirigir (~ uma empresa)	бошқармоқ	boshqarmoq
discutir (notícias, etc.)	муҳокама қилмоқ	muhokama qilmoq
disparar, atirar (vi)	отмоқ	otmoq
dizer (vt)	айтмоқ	aytmoq
duvidar (vt)	иккиланмоқ	ikkilanmoq
encontrar (achar)	топмоқ	topmoq
enganar (vt)	алдамоқ	aldamoq
entender (vt)	тушунмоқ	tushunmoq
entrar (na sala, etc.)	кирмоқ	kirmoq
enviar (uma carta)	жўнатмоқ	jo'natmoq
errar (enganar-se)	адашмоқ	adashmoq
escolher (vt)	танламоқ	tanlamoq
esconder (vt)	беркитмоқ	berkitmoq
escrever (vt)	ёзмоқ	yozmoq
esperar (aguardar)	кутмоқ	kutmoq
esperar (ter esperança)	умид қилмоқ	umid qilmoq
esquecer (vt)	унутмоқ	unutmoq
estudar (vt)	ўрганмоқ	o'rganmoq
exigir (vt)	талаб қилмоқ	talab qilmoq
existir (vi)	мавжуд бўлмоқ	mavjud bo'lmoq
explicar (vt)	тушунтирмоқ	tushuntirmoq
falar (vi)	гапирмоқ	gapirmoq
faltar (a la escuela, etc.)	қолдирмоқ	qoldirmoq
fazer (vt)	қилмоқ	qilmoq
ficar em silêncio	индамай турмоқ	indamay turmoq
gabar-se (vr)	мақтанмоқ	maqtanmoq
gostar (apreciar)	ёқмоқ	yoqmoq
gritar (vi)	бақирмоқ	baqirmoq
guardar (fotos, etc.)	сақламоқ	saqlamoq
informar (vt)	хабардор қилмоқ	xabardor qilmoq
insistir (vi)	талаб қилмоқ	talab qilmoq
insultar (vt)	ҳақоратламоқ	haqoratlamoq
interessar-se (vr)	қизиқмоқ	qiziqmoq
ir (a pé)	юрмоқ	yurmoq
ir nadar	чўмилмоқ	cho'milmoq
jantar (vi)	кечки овқатни емоқ	kechki ovqatni emoq

15. Os verbos mais importantes. Parte 3

ler (vt)	ўқимоқ	o'qimoq
libertar, liberar (vt)	халос қилмоқ	xalos qilmoq
matar (vt)	ўлдирмоқ	o'ldirmoq
mencionar (vt)	еслатиб ўтмоқ	eslatib o'tmoq
mostrar (vt)	кўрсатмоқ	ko'rsatmoq
mudar (modificar)	ўзгартирмоқ	o'zgartirmoq
nadar (vi)	сузмоқ	suzmoq
negar-se a ... (vr)	рад қилмоқ	rad qilmoq
objetar (vt)	еътироз билдирмоқ	e'tiroz bildirmoq
observar (vt)	кузатмоқ	kuzatmoq
ordenar (mil.)	буюрмоқ	buyurmoq
ouvir (vt)	ешитмоқ	eshitmoq
pagar (vt)	тўламоқ	to'lamoq
parar (vi)	тўхтамоқ	to'xtamoq
parar, cessar (vt)	тўхтатмоқ	to'xtatmoq
participar (vi)	иштирок етмоқ	ishtirok etmoq
pedir (comida, etc.)	буюртма бермоқ	buyurtma bermoq
pedir (um favor, etc.)	сўрамоқ	so'ramoq
pegar (tomar)	олмоқ	olmoq
pegar (uma bola)	тутмоқ	tutmoq
pensar (vi, vt)	ўйламоқ	o'ylamoq
perceber (ver)	кўриб қолмоқ	ko'rib qolmoq
perdoar (vt)	кечирмоқ	kechirmoq
perguntar (vt)	сўрамоқ	so'ramoq
permitir (vt)	рухсат бермоқ	ruxsat bermoq
pertencer a ... (vi)	тегишли бўлмоқ	tegishli bo'lmoq
planejar (vt)	режаламоқ	rejalamoq
poder (~ fazer algo)	уддаламоқ	uddalamoq
possuir (uma casa, etc.)	ега бўлмоқ	ega bo'lmoq
preferir (vt)	афзал кўрмоқ	afzal ko'rmoq
preparar (vt)	тайёрламоқ	tayyorlamoq
prever (vt)	олдиндан кўрмоқ	oldindan ko'rmoq
prometer (vt)	ваъда бермоқ	va'da bermoq
pronunciar (vt)	айтмоқ	aytmoq
propor (vt)	таклиф қилмоқ	taklif qilmoq
punir (castigar)	жазоламоқ	jazolamoq
quebrar (vt)	синдирмоқ	sindirmoq
queixar-se de ...	шикоят қилмоқ	shikoyat qilmoq
querer (desejar)	истамоқ	istamoq

16. Os verbos mais importantes. Parte 4

ralhar, repreender (vt)	койимоқ	koyimoq
recomendar (vt)	тавсия қилмоқ	tavsiya qilmoq

repetir (dizer outra vez)	қайтармоқ	qaytarmoq
reservar (~ um quarto)	захира қилиб қўймоқ	zaxira qilib qo'ymoq
responder (vt)	жавоб бермоқ	javob bermoq
rezar, orar (vi)	ибодат қилмоқ	ibodat qilmoq
rir (vi)	кулмоқ	kulmoq
roubar (vt)	ўғирламоқ	o'g'irlamoq
saber (vt)	билмоқ	bilmoq
sair (~ de casa)	чиқмоқ	chiqmoq
salvar (resgatar)	қутқармоқ	qutqarmoq
seguir (~ alguém)	... орқасидан бормоқ	... orqasidan bormoq
sentar-se (vr)	ўтирмоқ	o'tirmoq
ser necessário	керак бўлмоқ	kerak bo'lmoq
ser, estar	бўлмоқ	bo'lmoq
significar (vt)	билдирмоқ	bildirmoq
sorrir (vi)	жилмаймоқ	jilmaymoq
subestimar (vt)	кам баҳо бермоқ	kam baho bermoq
surpreender-se (vr)	ҳайрон қолмоқ	hayron qolmoq
tentar (~ fazer)	уриниб кўрмоқ	urinib ko'rmoq
ter (vt)	эга бўлмоқ	ega bo'lmoq
ter fome	ейишни истамоқ	eyishni istamoq
ter medo	қўрқмоқ	qo'rqmoq
ter sede	чанқамоқ	chanqamoq
tocar (com as mãos)	тегмоқ	tegmoq
tomar café da manhã	нонушта қилмоқ	nonushta qilmoq
trabalhar (vi)	ишламоқ	ishlamoq
traduzir (vt)	таржима қилмоқ	tarjima qilmoq
unir (vt)	бирлаштирмоқ	birlashtirmoq
vender (vt)	сотмоқ	sotmoq
ver (vt)	кўрмоқ	ko'rmoq
virar (~ para a direita)	бурмоқ	burmoq
voar (vi)	учмоқ	uchmoq

TEMPO. CALENDÁRIO

17. Dias da semana

segunda-feira (f)	душанба	dushanba
terça-feira (f)	сешанба	seshanba
quarta-feira (f)	чоршанба	chorshanba
quinta-feira (f)	пайшанба	payshanba
sexta-feira (f)	жума	juma
sábado (m)	шанба	shanba
domingo (m)	якшанба	yakshanba
hoje	бугун	bugun
amanhã	ертага	ertaga
depois de amanhã	индинга	indinga
ontem	кеча	kecha
anteontem	ўтган куни	o'tgan kuni
dia (m)	кун	kun
dia (m) de trabalho	иш куни	ish kuni
feriado (m)	байрам куни	bayram kuni
dia (m) de folga	дам олиш куни	dam olish kuni
fim (m) de semana	дам олиш кунлари	dam olish kunlari
o dia todo	кун бўйи	kun bo'yi
no dia seguinte	ертаси куни	ertasi kuni
há dois dias	икки кун аввал	ikki kun avval
na véspera	арафасида	arafasida
diário (adj)	ҳар кунги	har kungi
todos os dias	ҳар куни	har kuni
semana (f)	ҳафта	hafta
na semana passada	ўтган ҳафта	o'tgan hafta
semana que vem	келгуси ҳафтада	kelgusi haftada
semanal (adj)	ҳафталик	haftalik
toda semana	ҳар ҳафта	har hafta
duas vezes por semana	ҳафтасига икки марта	haftasiga ikki marta
toda terça-feira	ҳар сешанба	har seshanba

18. Horas. Dia e noite

manhã (f)	тонг	tong
de manhã	ерталаб	ertalab
meio-dia (m)	чошгоҳ	choshgoh
à tarde	тушликдан сўнг	tushlikdan so'ng
tardinha (f)	оқшом	oqshom
à tardinha	кечқурун	kechqurun

noite (f)	тун	tun
à noite	тунда	tunda
meia-noite (f)	ярим тун	yarim tun
segundo (m)	сония	soniya
minuto (m)	дақиқа	daqiqa
hora (f)	соат	soat
meia hora (f)	ярим соат	yarim soat
quarto (m) de hora	чорак соат	chorak soat
quinze minutos	ўн беш дақиқа	o'n besh daqiqa
vinte e quatro horas	сутка	sutka
nascer (m) do sol	қуёш чиқиши	quyosh chiqishi
amanhecer (m)	тонг отиши	tong otishi
madrugada (f)	ерта тонг	erta tong
pôr-do-sol (m)	кун ботиши	kun botishi
de madrugada	ерталаб	ertalab
esta manhã	бугун ерталаб	bugun ertalab
amanhã de manhã	ертага тонгда	ertaga tongda
esta tarde	бугун кундузи	bugun kunduzi
à tarde	тушликдан сўнг	tushlikdan so'ng
amanhã à tarde	ертага тушликдан сўнг	ertaga tushlikdan so'ng
esta noite, hoje à noite	бугун кечқурун	bugun kechqurun
amanhã à noite	ертага кечқурун	ertaga kechqurun
às três horas em ponto	роппа-роса соат учда	roppa-rosa soat uchda
por volta das quatro	соат тўртлар атрофида	soat to'rtlar atrofida
às doze	соат ўн иккиларга	soat o'n ikkilarga
em vinte minutos	йигирма дақиқадан кейин	yigirma daqiqadan keyin
em uma hora	бир соатдан кейин	bir soatdan keyin
a tempo	вақтида	vaqtida
... um quarto para	чоракам	chorakam
dentro de uma hora	бир соат давомида	bir soat davomida
a cada quinze minutos	ҳар ў беш дақиқада	har o' besh daqiqada
as vinte e quatro horas	кечаю-кундуз	kechayu-kunduz

19. Meses. Estações

janeiro (m)	январ	yanvar
fevereiro (m)	феврал	fevral
março (m)	март	mart
abril (m)	апрел	aprel
maio (m)	май	may
junho (m)	июн	iyun
julho (m)	июл	iyul
agosto (m)	август	avgust
setembro (m)	сентябр	sentyabr
outubro (m)	октябр	oktyabr

novembro (m)	ноябр	noyabr
dezembro (m)	декабр	dekabr
primavera (f)	баҳор	bahor
na primavera	баҳорда	bahorda
primaveril (adj)	баҳорги	bahorgi
verão (m)	ёз	yoz
no verão	ёзда	yozda
de verão	ёзги	yozgi
outono (m)	куз	kuz
no outono	кузгда	kuzgda
outonal (adj)	кузги	kuzgi
inverno (m)	қиш	qish
no inverno	қишда	qishda
de inverno	қишки	qishki
mês (m)	ой	oy
este mês	бу ой	bu oy
mês que vem	янаги ойда	yanagi oyda
no mês passado	ўтган ойда	o'tgan oyda
um mês atrás	бир ой аввал	bir oy avval
em um mês	бир ойдан кейин	bir oydan keyin
em dois meses	икки ойдан кейин	ikki oydan keyin
todo o mês	ой бўйи	oy bo'yi
um mês inteiro	бутун ой давомида	butun oy davomida
mensal (adj)	ойлик	oylik
mensalmente	ҳар ойда	har oyda
todo mês	ҳар ойда	har oyda
duas vezes por mês	ойига икки марта	oyiga ikki marta
ano (m)	йил	yil
este ano	шу йили	shu yili
ano que vem	кейинги йили	keyingi yili
no ano passado	ўтган йили	o'tgan yili
há um ano	бир йил аввал	bir yil avval
em um ano	бир йилдан кейин	bir yildan keyin
dentro de dois anos	икки йилдан кейин	ikki yildan keyin
todo o ano	йил бўйи	yil bo'yi
um ano inteiro	бутун йил давомида	butun yil davomida
cada ano	ҳар йили	har yili
anual (adj)	ҳар йилги	har yilgi
anualmente	ҳар йилда	har yilda
quatro vezes por ano	йилига тўрт марта	yiliga to'rt marta
data (~ de hoje)	ойнинг куни	oyning kuni
data (ex. ~ de nascimento)	сана	sana
calendário (m)	календар	kalendar
meio ano	ярим йил	yarim yil
seis meses	ярим йиллик	yarim yillik

| estação (f) | мавсум | mavsum |
| século (m) | аср | asr |

VIAGENS. HOTEL

20. Viagens

turismo (m)	туризм	turizm
turista (m)	сайёҳ	sayyoh
viagem (f)	саёҳат	sayohat
aventura (f)	саргузашт	sarguzasht
percurso (curta viagem)	сафарга бориб келиш	safarga borib kelish
férias (f pl)	таътил	ta'til
estar de férias	таътилга чиқмоқ	ta'tilga chiqmoq
descanso (m)	дам олиш	dam olish
trem (m)	поезд	poezd
de trem (chegar ~)	поездда	poezdda
avião (m)	самолёт	samolyot
de avião	самолётда	samolyotda
de carro	автомобилда	avtomobilda
de navio	кемада	kemada
bagagem (f)	юк	yuk
mala (f)	чамадон	chamadon
carrinho (m)	чамадон учун аравача	chamadon uchun aravacha
passaporte (m)	паспорт	pasport
visto (m)	виза	viza
passagem (f)	чипта	chipta
passagem (f) aérea	авиачипта	aviachipta
guia (m) de viagem	йўлкўрсаткич	yo'lko'rsatkich
mapa (m)	харита	xarita
área (f)	жой	joy
lugar (m)	жой	joy
exotismo (m)	екзотика	ekzotika
exótico (adj)	екзотик	ekzotik
surpreendente (adj)	ажойиб	ajoyib
grupo (m)	гуруҳ	guruh
excursão (f)	екскурсия	ekskursiya
guia (m)	екскурсия раҳбари	ekskursiya rahbari

21. Hotel

hotel (m)	меҳмонхона	mehmonxona
motel (m)	мотел	motel
três estrelas	уч юлдуз	uch yulduz

cinco estrelas	беш юлдуз	besh yulduz
ficar (vi, vt)	тўхтамоқ	to'xtamoq
quarto (m)	номер, хона	nomer, xona
quarto (m) individual	бир ўринли номер	bir o'rinli nomer
quarto (m) duplo	икки ўринли номер	ikki o'rinli nomer
reservar um quarto	номерни банд қилмоқ	nomerni band qilmoq
meia pensão (f)	ярим пансион	yarim pansion
pensão (f) completa	тўлиқ пансион	to'liq pansion
com banheira	ваннаси билан	vannasi bilan
com chuveiro	души билан	dushi bilan
televisão (m) por satélite	спутник телевиденияси	sputnik televideniyasi
ar (m) condicionado	кондиционер	konditsioner
toalha (f)	сочиқ	sochiq
chave (f)	калит	kalit
administrador (m)	маъмур	ma'mur
camareira (f)	ходима	xodima
bagageiro (m)	ҳаммол	hammol
porteiro (m)	порте	porte
restaurante (m)	ресторан	restoran
bar (m)	бар	bar
café (m) da manhã	нонушта	nonushta
jantar (m)	кечки овқат	kechki ovqat
bufê (m)	швед столи	shved stoli
saguão (m)	вестибюл	vestibyul
elevador (m)	лифт	lift
NÃO PERTURBE	БЕЗОВТА ҚИЛИНМАСИН!	BEZOVTA QILINMASIN!
PROIBIDO FUMAR!	СҲЕКИЛМАСИН!	CHEKILMASIN!

22. Turismo

monumento (m)	ҳайкал	haykal
fortaleza (f)	қалъа	qal'a
palácio (m)	сарой	saroy
castelo (m)	қаср	qasr
torre (f)	минора	minora
mausoléu (m)	мақбара	maqbara
arquitetura (f)	меъморчилик	me'morchilik
medieval (adj)	ўрта асрларга оид	o'rta asrlarga oid
antigo (adj)	қадимги	qadimgi
nacional (adj)	миллий	milliy
famoso, conhecido (adj)	таниқли	taniqli
turista (m)	сайёҳ	sayyoh
guia (pessoa)	гид	gid
excursão (f)	екскурсия	ekskursiya
mostrar (vt)	кўрсатмоқ	ko'rsatmoq

contar (vt)	сўзлаб бермоқ	so'zlab bermoq
encontrar (vt)	топмоқ	topmoq
perder-se (vr)	йўқолмоқ	yo'qolmoq
mapa (~ do metrô)	схема	sxema
mapa (~ da cidade)	чизма	chizma
lembrança (f), presente (m)	ёдгорлик	yodgorlik
loja (f) de presentes	ёдгорликлар дўкони	yodgorliklar do'koni
tirar fotos, fotografar	фотосурат олмоқ	fotosurat olmoq
fotografar-se (vr)	суратга тушмоқ	suratga tushmoq

TRANSPORTES

23. Aeroporto

aeroporto (m)	аеропорт	aeroport
avião (m)	самолёт	samolyot
companhia (f) aérea	авиакомпания	aviakompaniya
controlador (m) de tráfego aéreo	диспетчер	dispetcher
partida (f)	учиб кетиш	uchib ketish
chegada (f)	учиб келиш	uchib kelish
chegar (vi)	учиб келмоқ	uchib kelmoq
hora (f) de partida	учиб кетиш вақти	uchib ketish vaqti
hora (f) de chegada	учиб келиш вақти	uchib kelish vaqti
estar atrasado	кечикмоқ	kechikmoq
atraso (m) de voo	учиб кетишнинг кечикиши	uchib ketishning kechikishi
painel (m) de informação	маълумотлар таблоси	ma'lumotlar tablosi
informação (f)	маълумот	ma'lumot
anunciar (vt)	еълон қилмоқ	e'lon qilmoq
voo (m)	рейс	reys
alfândega (f)	божхона	bojxona
funcionário (m) da alfândega	божхона ходими	bojxona xodimi
declaração (f) alfandegária	декларация	deklaratsiya
preencher (vt)	тўлдирмоқ	to'ldirmoq
preencher a declaração	декларация тўлдирмоқ	deklaratsiya to'ldirmoq
controle (m) de passaporte	паспорт назорати	pasport nazorati
bagagem (f)	юк	yuk
bagagem (f) de mão	қўл юки	qo'l yuki
carrinho (m)	аравача	aravacha
pouso (m)	қўниш	qo'nish
pista (f) de pouso	қўниш майдони	qo'nish maydoni
aterrissar (vi)	қўнмоқ	qo'nmoq
escada (f) de avião	трап	trap
check-in (m)	рўйхатдан ўтиш	ro'yxatdan o'tish
balcão (m) do check-in	рўйхатдан ўтиш жойи	ro'yxatdan o'tish joyi
fazer o check-in	рўйхатдан ўтмоқ	ro'yxatdan o'tmoq
cartão (m) de embarque	чиқиш талони	chiqish taloni
portão (m) de embarque	чиқиш	chiqish
trânsito (m)	транзит	tranzit
esperar (vi, vt)	кутмоқ	kutmoq

sala (f) de espera	кутиш зали	kutish zali
despedir-se (acompanhar)	кузатмоқ	kuzatmoq
despedir-se (dizer adeus)	хайрлашмоқ	xayrlashmoq

24. Avião

avião (m)	самолёт	samolyot
passagem (f) aérea	авиачипта	aviachipta
companhia (f) aérea	авиакомпания	aviakompaniya
aeroporto (m)	аеропорт	aeroport
supersônico (adj)	товушдан тез	tovushdan tez

comandante (m) do avião	кема командири	kema komandiri
tripulação (f)	екипаж	ekipaj
piloto (m)	учувчи	uchuvchi
aeromoça (f)	стюардесса	styuardessa
copiloto (m)	штурман	shturman

asas (f pl)	қанотлар	qanotlar
cauda (f)	дум	dum
cabine (f)	кабина	kabina
motor (m)	двигател	dvigatel

| trem (m) de pouso | шасси | shassi |
| turbina (f) | турбина | turbina |

| hélice (f) | пропеллер | propeller |
| caixa-preta (f) | қора яшик | qora yashik |

| coluna (f) de controle | штурвал | shturval |
| combustível (m) | ёқилғи | yoqilg'i |

instruções (f pl) de segurança	инструкция	instruktsiya
máscara (f) de oxigênio	кислород маскаси	kislorod maskasi
uniforme (m)	униформа	uniforma

| colete (m) salva-vidas | қутқарув жилети | qutqaruv jileti |
| paraquedas (m) | парашют | parashyut |

decolagem (f)	учиш	uchish
descolar (vi)	учиб чиқмоқ	uchib chiqmoq
pista (f) de decolagem	учиш майдони	uchish maydoni

| visibilidade (f) | кўриниш | ko'rinish |
| voo (m) | парвоз | parvoz |

| altura (f) | баландлик | balandlik |
| poço (m) de ar | ҳаво ўпқони | havo o'pqoni |

assento (m)	ўрин	o'rin
fone (m) de ouvido	наушниклар	naushniklar
mesa (f) retrátil	қайтарма столча	qaytarma stolcha
janela (f)	иллюминатор	illyuminator
corredor (m)	ўтиш йўли	o'tish yo'li

25. Comboio

trem (m)	поезд	poezd
trem (m) elétrico	електр поезди	elektr poezdi
trem (m)	тезюрар поезд	tezyurar poezd
locomotiva (f) diesel	тепловоз	teplovoz
locomotiva (f) a vapor	паровоз	parovoz
vagão (f) de passageiros	вагон	vagon
vagão-restaurante (m)	вагон-ресторан	vagon-restoran
carris (m pl)	релслар	relslar
estrada (f) de ferro	темир йўл	temir yo'l
travessa (f)	шпала	shpala
plataforma (f)	платформа	platforma
linha (f)	йўл	yo'l
semáforo (m)	семафор	semafor
estação (f)	станция	stantsiya
maquinista (m)	машинист	mashinist
bagageiro (m)	ҳаммол	hammol
hospedeiro, -a (m, f)	проводник	provodnik
passageiro (m)	йўловчи	yo'lovchi
revisor (m)	назоратчи	nazoratchi
corredor (m)	йўлак	yo'lak
freio (m) de emergência	стоп-кран	stop-kran
compartimento (m)	купе	kupe
cama (f)	полка	polka
cama (f) de cima	юқори полка	yuqori polka
cama (f) de baixo	пастки полка	pastki polka
roupa (f) de cama	чойшаб	choyshab
passagem (f)	чипта	chipta
horário (m)	жадвал	jadval
painel (m) de informação	табло	tablo
partir (vt)	жўнамоқ	jo'namoq
partida (f)	жўнаш	jo'nash
chegar (vi)	етиб келмоқ	etib kelmoq
chegada (f)	етиб келиш	etib kelish
chegar de trem	поезда келмоқ	poezda kelmoq
pegar o trem	поедга ўтирмоқ	poedga o'tirmoq
descer de trem	поезддан тушмоқ	poezddan tushmoq
acidente (m) ferroviário	ҳалокат	halokat
descarrilar (vi)	релслардан чиқиб кетмоқ	relslardan chiqib ketmoq
locomotiva (f) a vapor	паровоз	parovoz
foguista (m)	ўтёқар	o'tyoqar
fornalha (f)	ўтхона	o'txona
carvão (m)	кўмир	ko'mir

26. Barco

navio (m)	кема	kema
embarcação (f)	кема	kema

barco (m) a vapor	пароход	paroxod
barco (m) fluvial	теплоход	teploxod
transatlântico (m)	лайнер	layner
cruzeiro (m)	крейсер	kreyser

iate (m)	яхта	yaxta
rebocador (m)	шатакчи кема	shatakchi kema
barcaça (f)	баржа	barja
ferry (m)	паром	parom

veleiro (m)	елканли кема	elkanli kema
bergantim (m)	бригантина	brigantina

quebra-gelo (m)	музёрар	muzyorar
submarino (m)	сув ости кемаси	suv osti kemasi

bote, barco (m)	қайиқ	qayiq
baleeira (bote salva-vidas)	шлюпка	shlyupka
bote (m) salva-vidas	қутқарув шлюпкаси	qutqaruv shlyupkasi
lancha (f)	катер	kater

capitão (m)	капитан	kapitan
marinheiro (m)	матрос	matros
marujo (m)	денгизчи	dengizchi
tripulação (f)	екипаж	ekipaj

contramestre (m)	боцман	botsman
grumete (m)	юнга	yunga
cozinheiro (m) de bordo	кок	kok
médico (m) de bordo	кема врачи	kema vrachi

convés (m)	палуба	paluba
mastro (m)	мачта	machta
vela (f)	елкан	elkan

porão (m)	трюм	tryum
proa (f)	тумшуқ	tumshuq
popa (f)	қуйруқ	quyruq
remo (m)	ешкак	eshkak
hélice (f)	винт	vint

cabine (m)	каюта	kayuta
sala (f) dos oficiais	кают-компания	kayut-kompaniya
sala (f) das máquinas	машина бўлинмаси	mashina bo'linmasi
ponte (m) de comando	капитан кўприкчаси	kapitan ko'prikchasi
sala (f) de comunicações	радиорубка	radiorubka
onda (f)	тўлқин	to'lqin
diário (m) de bordo	кема журнали	kema jurnali
luneta (f)	узун дурбин	uzun durbin
sino (m)	қўнғироқ	qo'ng'iroq

bandeira (f)	байроқ	bayroq
cabo (m)	йўғон арқон	yo'g'on arqon
nó (m)	тугун	tugun
corrimão (m)	тутқич	tutqich
prancha (f) de embarque	трап	trap
âncora (f)	лангар	langar
recolher a âncora	лангар кўтармоқ	langar ko'tarmoq
jogar a âncora	лангар ташламоқ	langar tashlamoq
amarra (corrente de âncora)	лангар занжири	langar zanjiri
porto (m)	порт	port
cais, amarradouro (m)	причал	prichal
atracar (vi)	келиб тўхтамоқ	kelib to'xtamoq
desatracar (vi)	жўнамоқ	jo'namoq
viagem (f)	саёҳат	sayohat
cruzeiro (m)	денгиз саёҳати	dengiz sayohati
rumo (m)	курс	kurs
itinerário (m)	маршрут	marshrut
canal (m) de navegação	фарватер	farvater
banco (m) de areia	саёзлик	sayozlik
encalhar (vt)	саёзликка ўтирмоқ	sayozlikka o'tirmoq
tempestade (f)	довул	dovul
sinal (m)	сигнал	signal
afundar-se (vr)	чўкмоқ	cho'kmoq
Homem ao mar!	сувда одам бор!	suvda odam bor!
SOS	СОС!	SOS!
boia (f) salva-vidas	қутқариш ҳалқаси	qutqarish halqasi

CIDADE

27. Transportes urbanos

ônibus (m)	автобус	avtobus
bonde (m) elétrico	трамвай	tramvay
trólebus (m)	троллейбус	trolleybus
rota (f), itinerário (m)	маршрут	marshrut
número (m)	рақам	raqam
ir de … (carro, etc.)	… да бормоқ	… da bormoq
entrar no …	ўтирмоқ	o'tirmoq
descer do …	тушиб қолмоқ	tushib qolmoq
parada (f)	бекат	bekat
próxima parada (f)	кейинги бекат	keyingi bekat
terminal (m)	охирги бекат	oxirgi bekat
horário (m)	жадвал	jadval
esperar (vt)	кутмоқ	kutmoq
passagem (f)	чипта	chipta
tarifa (f)	чипта нархи	chipta narxi
bilheteiro (m)	кассачи	kassachi
controle (m) de passagens	назорат	nazorat
revisor (m)	назоратчи	nazoratchi
atrasar-se (vr)	кечга қолмоқ	kechga qolmoq
perder (o autocarro, etc.)	… га кечга қолмоқ	… ga kechga qolmoq
estar com pressa	шошмоқ	shoshmoq
táxi (m)	такси	taksi
taxista (m)	таксичи	taksichi
de táxi (ir ~)	таксида	taksida
ponto (m) de táxis	такси тўхташ жойи	taksi to'xtash joyi
chamar um táxi	такси чақирмоқ	taksi chaqirmoq
pegar um táxi	такси олмоқ	taksi olmoq
tráfego (m)	кўча ҳаракати	ko'cha harakati
engarrafamento (m)	тирбандлик	tirbandlik
horas (f pl) de pico	тиғиз пайт	tig'iz payt
estacionar (vi)	жойлаштирмоқ	joylashtirmoq
estacionar (vt)	жойлаштирмоқ	joylashtirmoq
parque (m) de estacionamento	тўхташ жойи	to'xtash joyi
metrô (m)	метро	metro
estação (f)	станция	stantsiya
ir de metrô	метрода юрмоқ	metroda yurmoq
trem (m)	поезд	poezd
estação (f) de trem	вокзал	vokzal

28. Cidade. Vida na cidade

cidade (f)	шаҳар	shahar
capital (f)	пойтахт	poytaxt
aldeia (f)	қишлоқ	qishloq
mapa (m) da cidade	шаҳар чизмаси	shahar chizmasi
centro (m) da cidade	шаҳар маркази	shahar markazi
subúrbio (m)	шаҳарга туташ ҳудуд	shaharga tutash hudud
suburbano (adj)	шаҳар атрофидаги	shahar atrofidagi
periferia (f)	чекка	chekka
arredores (m pl)	теварак атрофдаги ҳудудлар	tevarak atrofdagi hududlar
quarteirão (m)	даҳа	daha
quarteirão (m) residencial	турар-жой даҳаси	turar-joy dahasi
tráfego (m)	ҳаракат	harakat
semáforo (m)	светофор	svetofor
transporte (m) público	шаҳар транспорти	shahar transporti
cruzamento (m)	чорраҳа	chorraha
faixa (f)	ўтиш йўли	o'tish yo'li
túnel (m) subterrâneo	ер ости ўтиш йўли	er osti o'tish yo'li
cruzar, atravessar (vt)	ўтиш	o'tish
pedestre (m)	йўловчи	yo'lovchi
calçada (f)	йўлка	yo'lka
ponte (f)	кўприк	ko'prik
margem (f) do rio	сув бўйидаги кўча	suv bo'yidagi ko'cha
fonte (f)	фонтан	fontan
alameda (f)	хиёбон	xiyobon
parque (m)	боғ	bog'
bulevar (m)	булвар	bulvar
praça (f)	майдон	maydon
avenida (f)	шоҳ кўча	shoh ko'cha
rua (f)	кўча	ko'cha
travessa (f)	тор кўча	tor ko'cha
beco (m) sem saída	боши берк кўча	boshi berk ko'cha
casa (f)	уй	uy
edifício, prédio (m)	бино	bino
arranha-céu (m)	осмонўпар бино	osmono'par bino
fachada (f)	фасад	fasad
telhado (m)	том	tom
janela (f)	дераза	deraza
arco (m)	равоқ	ravoq
coluna (f)	устун	ustun
esquina (f)	бурчак	burchak
vitrine (f)	витрина	vitrina
letreiro (m)	вивеска	viveska
cartaz (do filme, etc.)	афиша	afisha

| cartaz (m) publicitário | реклама плакати | reklama plakati |
| painel (m) publicitário | реклама шчити | reklama shchiti |

lixo (m)	ахлат	axlat
lata (f) de lixo	ахлатдон	axlatdon
jogar lixo na rua	ифлос қилмоқ	iflos qilmoq
aterro (m) sanitário	ахлатхона	axlatxona

orelhão (m)	телефон будкаси	telefon budkasi
poste (m) de luz	фонар осиладиган столба	fonar osiladigan stolba
banco (m)	скамейка	skameyka

polícia (m)	полициячи	politsiyachi
polícia (instituição)	полиция	politsiya
mendigo, pedinte (m)	гадой	gadoy
desabrigado (m)	бошпанасиз	boshpanasiz

29. Instituições urbanas

loja (f)	дўкон	do'kon
drogaria (f)	дорихона	dorixona
ótica (f)	оптика	optika
centro (m) comercial	савдо маркази	savdo markazi
supermercado (m)	супермаркет	supermarket

padaria (f)	нон дўкони	non do'koni
padeiro (m)	новвой	novvoy
pastelaria (f)	қандолат дўкони	qandolat do'koni
mercearia (f)	баққоллик	baqqollik
açougue (m)	гўшт дўкони	go'sht do'koni

| fruteira (f) | сабзавот дўкони | sabzavot do'koni |
| mercado (m) | бозор | bozor |

cafeteria (f)	кафе	kafe
restaurante (m)	ресторан	restoran
bar (m)	пивохона	pivoxona
pizzaria (f)	пиццерия	pitstseriya

salão (m) de cabeleireiro	сартарошхона	sartaroshxona
agência (f) dos correios	почта	pochta
lavanderia (f)	химчистка	ximchistka
estúdio (m) fotográfico	фотоателе	fotoatele

sapataria (f)	пояфзал дўкони	poyafzal do'koni
livraria (f)	китоб дўкони	kitob do'koni
loja (f) de artigos esportivos	спорт анжомлари дўкони	sport anjomlari do'koni

costureira (m)	кийим таъмири	kiyim ta'miri
aluguel (m) de roupa	кийимни ижарага бериш	kiyimni ijaraga berish
videolocadora (f)	филмларни ижарага бериш	filmlarni ijaraga berish

| circo (m) | сирк | sirk |
| jardim (m) zoológico | ҳайвонот боғи | hayvonot bog'i |

cinema (m)	кинотеатр	kinoteatr
museu (m)	музей	muzey
biblioteca (f)	кутубхона	kutubxona

teatro (m)	театр	teatr
ópera (f)	опера	opera
boate (casa noturna)	тунги клуб	tungi klub
cassino (m)	казино	kazino

mesquita (f)	мачит	machit
sinagoga (f)	синагога	sinagoga
catedral (f)	бош черков	bosh cherkov
templo (m)	ибодатхона	ibodatxona
igreja (f)	черков	cherkov

faculdade (f)	институт	institut
universidade (f)	университет	universitet
escola (f)	мактаб	maktab

prefeitura (f)	префектура	prefektura
câmara (f) municipal	мерия	meriya
hotel (m)	меҳмонхона	mehmonxona
banco (m)	банк	bank

embaixada (f)	елчихона	elchixona
agência (f) de viagens	сайёҳлик агентлиги	sayyohlik agentligi
agência (f) de informações	маълумотхона	ma'lumotxona
casa (f) de câmbio	алмаштириш шохобчаси	almashtirish shoxobchasi

| metrô (m) | метро | metro |
| hospital (m) | касалхона | kasalxona |

| posto (m) de gasolina | бензин қуйиш шохобчаси | benzin quyish shoxobchasi |
| parque (m) de estacionamento | тўхташ жойи | to'xtash joyi |

30. Sinais

letreiro (m)	вивеска	viveska
aviso (m)	ёзув	yozuv
cartaz, pôster (m)	плакат	plakat
placa (f) de direção	кўрсаткич	ko'rsatkich
seta (f)	мил	mil

aviso (advertência)	огоҳлантириш	ogohlantirish
sinal (m) de aviso	огоҳлантириш	ogohlantirish
avisar, advertir (vt)	огоҳлантирмоқ	ogohlantirmoq

dia (m) de folga	дам олиш куни	dam olish kuni
horário (~ dos trens, etc.)	жадвал	jadval
horário (m)	иш соатлари	ish soatlari

BEM-VINDOS!	ХУСҲ КЕЛИБСИЗ!	XUSH KELIBSIZ!
ENTRADA	КИРИСҲ	KIRISH
SAÍDA	СҲИҚИСҲ	CHIQISH

EMPURRE	ЎЗИДАН НАРИГА	O'ZIDAN NARIGA
PUXE	ЎЗИГА	O'ZIGA
ABERTO	ОСҲИҚ	OCHIQ
FECHADO	ЙОПИҚ	YOPIQ

| MULHER | АЙОЛЛАР УСҲУН | AYOLLAR UCHUN |
| HOMEM | ЕРКАКЛАР УСҲУН | ERKAKLAR UCHUN |

DESCONTOS	КАМАЙТИРИЛГАН НАРХЛАР	KAMAYTIRILGAN NARXLAR
SALDOS, PROMOÇÃO	АРЗОН СОТИБ ТУГАТИСҲ	ARZON SOTIB TUGATISH
NOVIDADE!	ЙАНГИЛИК!	YANGILIK!
GRÁTIS	БЕПУЛ	BEPUL

ATENÇÃO!	ДИҚҚАТ!	DIQQAT!
NÃO HÁ VAGAS	ЖОЙ ЙЎҚ	JOY YO'Q
RESERVADO	БАНД ҚИЛИНГАН	BAND QILINGAN

ADMINISTRAÇÃO	МАЪМУРИЙАТ	MA'MURIYAT
SOMENTE PESSOAL	ФАҚАТ ХОДИМЛАР	FAQAT XODIMLAR
AUTORIZADO	УСҲУН	UCHUN

CUIDADO CÃO FEROZ	ҚОПАҒОН ИТ	QOPAG'ON IT
PROIBIDO FUMAR!	СҲЕКИЛМАСИН!	CHEKILMASIN!
NÃO TOCAR	ҚЎЛ БИЛАН ТЕГИЛМАСИН!	QO'L BILAN TEGILMASIN!

PERIGOSO	ХАВФЛИ	XAVFLI
PERIGO	ХАВФ	XAVF
ALTA TENSÃO	ЙУҚОРИ КУСҲЛАНИСҲ	YUQORI KUCHLANISH
PROIBIDO NADAR	СҲЎМИЛИСҲ ТАҚИҚЛАНГАН	CHO'MILISH TAQIQLANGAN
COM DEFEITO	ИСҲЛАМАЙДИ	ISHLAMAYDI

INFLAMÁVEL	ЙОНҒИНДАН ХАВФЛИ	YONG'INDAN XAVFLI
PROIBIDO	ТАҚИҚЛАНГАН	TAQIQLANGAN
ENTRADA PROIBIDA	ЎТИСҲ ТАҚИҚЛАНГАН	O'TISH TAQIQLANGAN
CUIDADO TINTA FRESCA	БЎЙАЛГАН	BO'YALGAN

31. Compras

comprar (vt)	харид қилмоқ	xarid qilmoq
compra (f)	харид	xarid
fazer compras	буюмларни харид қилмоқ	buyumlarni xarid qilmoq
compras (f pl)	шоппинг	shopping

| estar aberta (loja) | ишламоқ | ishlamoq |
| estar fechada | ёпилмоқ | yopilmoq |

calçado (m)	пояфзал	poyafzal
roupa (f)	кийим	kiyim
cosméticos (m pl)	косметика	kosmetika
alimentos (m pl)	маҳсулотлар	mahsulotlar
presente (m)	совға	sovg'a

vendedor (m)	сотувчи	sotuvchi
vendedora (f)	сотувчи	sotuvchi
caixa (f)	касса	kassa
espelho (m)	кўзгу	ko'zgu
balcão (m)	пештахта	peshtaxta
provador (m)	кийиб кўриш кабинаси	kiyib ko'rish kabinasi
provar (vt)	кийиб кўриш	kiyib ko'rish
servir (roupa, caber)	лойиқ келмоқ	loyiq kelmoq
gostar (apreciar)	ёқмоқ	yoqmoq
preço (m)	нарх	narx
etiqueta (f) de preço	нархкўрсаткич	narxko'rsatkich
custar (vt)	нархга ега бўлмоқ	narxga ega bo'lmoq
Quanto?	Қанча?	Qancha?
desconto (m)	нархни камайтириш	narxni kamaytirish
não caro (adj)	қиммат емас	qimmat emas
barato (adj)	арзон	arzon
caro (adj)	қиммат	qimmat
É caro	Бу қиммат.	Bu qimmat.
aluguel (m)	ижарага олиш	ijaraga olish
alugar (roupas, etc.)	ижарага олмоқ	ijaraga olmoq
crédito (m)	кредит	kredit
a crédito	кредитга олиш	kreditga olish

VESTUÁRIO & ACESSÓRIOS

32. Roupa exterior. Casacos

roupa (f)	кийим	kiyim
roupa (f) exterior	устки кийим	ustki kiyim
roupa (f) de inverno	қишки кийим	qishki kiyim

sobretudo (m)	палто	palto
casaco (m) de pele	пўстин	po'stin
jaqueta (f) de pele	калта пўстин	kalta po'stin
casaco (m) acolchoado	пуховик	puxovik

casaco (m), jaqueta (f)	куртка	kurtka
impermeável (m)	плашч	plashch
a prova d'água	сув ўтказмайдиган	suv o'tkazmaydigan

33. Vestuário de homem & mulher

camisa (f)	кўйлак	ko'ylak
calça (f)	шим	shim
jeans (m)	жинси	jinsi
paletó, terno (m)	пиджак	pidjak
terno (m)	костюм	kostyum

vestido (ex. ~ de noiva)	аёллар кўйлаги	ayollar ko'ylagi
saia (f)	юбка	yubka
blusa (f)	блузка	bluzka
casaco (m) de malha	жун кофта	jun kofta
casaco, blazer (m)	жакет	jaket

camiseta (f)	футболка	futbolka
short (m)	шорти	shorti
training (m)	спорт костюми	sport kostyumi
roupão (m) de banho	халат	xalat
pijama (m)	пижама	pijama

| suéter (m) | свитер | sviter |
| pulôver (m) | пуловер | pulover |

colete (m)	жилет	jilet
fraque (m)	фрак	frak
smoking (m)	смокинг	smoking

uniforme (m)	форма	forma
roupa (f) de trabalho	жомакор	jomakor
macacão (m)	комбинезон	kombinezon
jaleco (m), bata (f)	халат	xalat

34. Vestuário. Roupa interior

roupa (f) íntima	ич кийим	ich kiyim
cueca boxer (f)	трусик	trusik
calcinha (f)	трусик	trusik
camiseta (f)	майка	mayka
meias (f pl)	пайпоқ	paypoq
camisola (f)	тунги кўйлак	tungi ko'ylak
sutiã (m)	бюстгалтер	byustgalter
meias longas (f pl)	голфи	golfi
meias-calças (f pl)	колготки	kolgotki
meias (~ de nylon)	пайпоқ	paypoq
maiô (m)	купалник	kupalnik

35. Adereços de cabeça

chapéu (m), touca (f)	қалпоқ	qalpoq
chapéu (m) de feltro	шляпа	shlyapa
boné (m) de beisebol	бейсболка	beysbolka
boina (~ italiana)	кепка	kepka
boina (ex. ~ basca)	берет	beret
capuz (m)	капюшон	kapyushon
chapéu panamá (m)	панамка	panamka
touca (f)	тўқилган шапка	to'qilgan shapka
lenço (m)	рўмол	ro'mol
chapéu (m) feminino	қалпоқча	qalpoqcha
capacete (m) de proteção	каска	kaska
bibico (m)	пилотка	pilotka
capacete (m)	шлем	shlem
chapéu-coco (m)	котелок	kotelok
cartola (f)	силиндр	silindr

36. Calçado

calçado (m)	пояфзал	poyafzal
botinas (f pl), sapatos (m pl)	ботинка	botinka
sapatos (de salto alto, etc.)	туфли	tufli
botas (f pl)	етик	etik
pantufas (f pl)	шиппак	shippak
tênis (~ Nike, etc.)	кроссовка	krossovka
tênis (~ Converse)	кеда	keda
sandálias (f pl)	сандал шиппак	sandal shippak
sapateiro (m)	етикдўз	etikdo'z
salto (m)	пошна	poshna

par (m)	жуфт	juft
cadarço (m)	чизимча	chizimcha
amarrar os cadarços	боғлаш	bog'lash
calçadeira (f)	қошиқ	qoshiq
graxa (f) para calçado	пояфзал мойи	poyafzal moyi

37. Acessórios pessoais

luva (f)	қўлқоплар	qo'lqoplar
mitenes (f pl)	бошмалдоқли қўлқоплар	boshmaldoqli qo'lqoplar
cachecol (m)	бўйинбоғ	bo'yinbog'
óculos (m pl)	кўзойнак	ko'zoynak
armação (f)	гардиш	gardish
guarda-chuva (m)	соябон	soyabon
bengala (f)	хасса	xassa
escova (f) para o cabelo	тароқ	taroq
leque (m)	елпиғич	elpig'ich
gravata (f)	галстук	galstuk
gravata-borboleta (f)	галстук-бабочка	galstuk-babochka
suspensórios (m pl)	подтяжки	podtyajki
lenço (m)	дастрўмол	dastro'mol
pente (m)	тароқ	taroq
fivela (f) para cabelo	соч тўғнағичи	soch to'g'nag'ichi
grampo (m)	шпилка	shpilka
fivela (f)	камар тўқаси	kamar to'qasi
cinto (m)	камар	kamar
alça (f) de ombro	тасма	tasma
bolsa (f)	сумка	sumka
bolsa (feminina)	сумкача	sumkacha
mochila (f)	рюкзак	ryukzak

38. Vestuário. Diversos

moda (f)	мода	moda
na moda (adj)	модали	modali
estilista (m)	моделер	modeler
colarinho (m)	ёқа	yoqa
bolso (m)	чўнтак	cho'ntak
de bolso	чўнтак	cho'ntak
manga (f)	енг	eng
ganchinho (m)	илгак	ilgak
bragueta (f)	йирмоч	yirmoch
zíper (m)	молния	molniya
colchete (m)	кийим илгаги	kiyim ilgagi
botão (m)	тугма	tugma

botoeira (casa de botão)	илгак	ilgak
soltar-se (vr)	узилмоқ	uzilmoq
costurar (vi)	тикиш	tikish
bordar (vt)	кашта тикиш	kashta tikish
bordado (m)	кашта	kashta
agulha (f)	игна	igna
fio, linha (f)	ип	ip
costura (f)	чок	chok
sujar-se (vr)	ифлосланмоқ	ifloslanmoq
mancha (f)	доғ	dog'
amarrotar-se (vr)	ғижимланиш	g'ijimlanish
rasgar (vt)	йиртмоқ	yirtmoq
traça (f)	куя	kuya

39. Cuidados pessoais. Cosméticos

pasta (f) de dente	тиш пастаси	tish pastasi
escova (f) de dente	тиш чўткаси	tish cho'tkasi
escovar os dentes	тиш тозаламоқ	tish tozalamoq
gilete (f)	устара	ustara
creme (m) de barbear	соқол олиш креми	soqol olish kremi
barbear-se (vr)	соқол олмоқ	soqol olmoq
sabonete (m)	совун	sovun
xampu (m)	шампун	shampun
tesoura (f)	қайчи	qaychi
lixa (f) de unhas	тирноқ эгови	tirnoq egovi
corta-unhas (m)	тирноқ омбири	tirnoq ombiri
pinça (f)	пинцет	pintset
cosméticos (m pl)	косметика	kosmetika
máscara (f)	ниқоб	niqob
manicure (f)	маникюр	manikyur
fazer as unhas	маникюрлаш	manikyurlash
pedicure (f)	педикюр	pedikyur
bolsa (f) de maquiagem	косметичка	kosmetichka
pó (de arroz)	упа	upa
pó (m) compacto	упадон	upadon
blush (m)	қизил ёғупа	qizil yog'upa
perfume (m)	атир	atir
água-de-colônia (f)	атир	atir
loção (f)	лосон	loson
colônia (f)	атир	atir
sombra (f) de olhos	кўз бўёғи	ko'z bo'yog'i
delineador (m)	кўз қалами	ko'z qalami
máscara (f), rímel (m)	киприк бўёғи	kiprik bo'yog'i
batom (m)	лаб помадаси	lab pomadasi

esmalte (m)	тирноқ учун лок	tirnoq uchun lok
laquê (m), spray fixador (m)	соч учун лок	soch uchun lok
desodorante (m)	дезодорант	dezodorant
creme (m)	крем	krem
creme (m) de rosto	юз учун крем	yuz uchun krem
creme (m) de mãos	қўл учун крем	qo'l uchun krem
creme (m) antirrugas	ажинга қарши крем	ajinga qarshi krem
creme (m) de dia	кундузги крем	kunduzgi krem
creme (m) de noite	тунги крем	tungi krem
de dia	кундузги	kunduzgi
da noite	тунги	tungi
absorvente (m) interno	тампон	tampon
papel (m) higiênico	туалет қоғози	tualet qog'ozi
secador (m) de cabelo	фен	fen

40. Relógios de pulso. Relógios

relógio (m) de pulso	соат	soat
mostrador (m)	сиферблат	siferblat
ponteiro (m)	мил, стрелка	mil, strelka
bracelete (em aço)	браслет	braslet
bracelete (em couro)	тасмача	tasmacha
pilha (f)	батарейка	batareyka
acabar (vi)	ўтириб қолмоқ	o'tirib qolmoq
trocar a pilha	батарейка алмаштирмоқ	batareyka almashtirmoq
estar adiantado	шошмоқ	shoshmoq
estar atrasado	кечикмоқ	kechikmoq
relógio (m) de parede	девор соати	devor soati
ampulheta (f)	қум соати	qum soati
relógio (m) de sol	қуёш соати	quyosh soati
despertador (m)	будилник	budilnik
relojoeiro (m)	соацоз	soatsoz
reparar (vt)	таъмирламоқ	ta'mirlamoq

EXPERIÊNCIA DO QUOTIDIANO

41. Dinheiro

dinheiro (m)	пул	pul
câmbio (m)	алмаштириш	almashtirish
taxa (f) de câmbio	курс	kurs
caixa (m) eletrônico	банкомат	bankomat
moeda (f)	танга	tanga
dólar (m)	доллар	dollar
euro (m)	евро	evro
lira (f)	лира	lira
marco (m)	марка	marka
franco (m)	франк	frank
libra (f) esterlina	фунт стерлинг	funt sterling
iene (m)	йена	yena
dívida (f)	қарз	qarz
devedor (m)	қарздор	qarzdor
emprestar (vt)	қарз бермоқ	qarz bermoq
pedir emprestado	қарз олмоқ	qarz olmoq
banco (m)	банк	bank
conta (f)	ҳисоб рақам	hisob raqam
depositar (vt)	қўймоқ	qo'ymoq
depositar na conta	ҳисоб-рақамга қўймоқ	hisob-raqamga qo'ymoq
sacar (vt)	ҳисоб-рақамдан олмоқ	hisob-raqamdan olmoq
cartão (m) de crédito	кредит картаси	kredit kartasi
dinheiro (m) vivo	нақд пул	naqd pul
cheque (m)	чек	chek
passar um cheque	чек ёзиб бермоқ	chek yozib bermoq
talão (m) de cheques	чек дафтарчаси	chek daftarchasi
carteira (f)	кармон	karmon
niqueleira (f)	ҳамён	hamyon
cofre (m)	сейф	seyf
herdeiro (m)	меросхўр	merosxo'r
herança (f)	мерос	meros
fortuna (riqueza)	бойлик	boylik
arrendamento (m)	ижара	ijara
aluguel (pagar o ~)	турар-жой ҳақи	turar-joy haqi
alugar (vt)	ижарага олмоқ	ijaraga olmoq
preço (m)	нарх	narx
custo (m)	қиймат	qiymat

soma (f)	сумма	summa
gastar (vt)	сарфламоқ	sarflamoq
gastos (m pl)	харажатлар	xarajatlar
economizar (vi)	тежамоқ	tejamoq
econômico (adj)	тежамкор	tejamkor
pagar (vt)	тўламоқ	to'lamoq
pagamento (m)	тўлов	to'lov
troco (m)	қайтим	qaytim
imposto (m)	солиқ	soliq
multa (f)	жарима	jarima
multar (vt)	жарима солмоқ	jarima solmoq

42. Correios. Serviço postal

agência (f) dos correios	почта	pochta
correio (m)	почта	pochta
carteiro (m)	хат ташувчи	xat tashuvchi
horário (m)	иш соатлари	ish soatlari
carta (f)	хат	xat
carta (f) registada	буюртма хат	buyurtma xat
cartão (m) postal	открытка	otkritka
telegrama (m)	телеграмма	telegramma
encomenda (f)	посилка	posilka
transferência (f) de dinheiro	пул ўтказиш	pul o'tkazish
receber (vt)	олмоқ	olmoq
enviar (vt)	жўнатмоқ	jo'natmoq
envio (m)	жўнатиш	jo'natish
endereço (m)	манзил	manzil
código (m) postal	индекс	indeks
remetente (m)	юборувчи	yuboruvchi
destinatário (m)	олувчи	oluvchi
nome (m)	исм	ism
sobrenome (m)	фамилия	familiya
tarifa (f)	тариф	tarif
ordinário (adj)	оддий	oddiy
econômico (adj)	тежамли	tejamli
peso (m)	вазн	vazn
pesar (estabelecer o peso)	вазн ўлчамоқ	vazn o'lchamoq
envelope (m)	конверт	konvert
selo (m) postal	марка	marka
colar o selo	марка ёпиштирмоқ	marka yopishtirmoq

43. Banca

| banco (m) | банк | bank |
| balcão (f) | бўлим | bo'lim |

| consultor (m) bancário | маслаҳатчи | maslahatchi |
| gerente (m) | бошқарувчи | boshqaruvchi |

conta (f)	ҳисоб рақам	hisob raqam
número (m) da conta	ҳисоб-рақам сони	hisob-raqam soni
conta (f) corrente	жорий ҳисоб-рақами	joriy hisob-raqami
conta (f) poupança	жамғарма ҳисоб-рақами	jamg'arma hisob-raqami

abrir uma conta	ҳисоб-рақамни очмоқ	hisob-raqamni ochmoq
fechar uma conta	ҳисоб-рақамни ёпмоқ	hisob-raqamni yopmoq
depositar na conta	ҳисоб-рақамга қўймоқ	hisob-raqamga qo'ymoq
sacar (vt)	ҳисоб-рақамдан олмоқ	hisob-raqamdan olmoq

depósito (m)	омонат	omonat
fazer um depósito	омонат қўймоқ	omonat qo'ymoq
transferência (f) bancária	ўтказиш	o'tkazish
transferir (vt)	ўтказмоқ	o'tkazmoq

| soma (f) | сумма | summa |
| Quanto? | Қанча? | Qancha? |

| assinatura (f) | имзо | imzo |
| assinar (vt) | имзоламоқ | imzolamoq |

cartão (m) de crédito	кредит картаси	kredit kartasi
senha (f)	код	kod
número (m) do cartão de crédito	кредит картасининг тартиб рақами	kredit kartasining tartib raqami
caixa (m) eletrônico	банкомат	bankomat

cheque (m)	чек	chek
passar um cheque	чек ёзиб бермоқ	chek yozib bermoq
talão (m) de cheques	чек дафтарчаси	chek daftarchasi

empréstimo (m)	кредит	kredit
pedir um empréstimo	кредит олиш учун мурожаат қилмоқ	kredit olish uchun murojaat qilmoq
obter empréstimo	кредит олмоқ	kredit olmoq
dar um empréstimo	кредит бермоқ	kredit bermoq
garantia (f)	кафолат	kafolat

44. Telefone. Conversação telefônica

telefone (m)	телефон	telefon
celular (m)	мобил телефон	mobil telefon
secretária (f) eletrônica	автоматик жавоб берувчи	avtomatik javob beruvchi

| fazer uma chamada | қўнғироқ қилмоқ | qo'ng'iroq qilmoq |
| chamada (f) | қўнғироқ | qo'ng'iroq |

discar um número	рақам термоқ	raqam termoq
Alô!	Алло!	Allo!
perguntar (vt)	сўрамоқ	so'ramoq
responder (vt)	жавоб бермоқ	javob bermoq

ouvir (vt)	ешитмоқ	eshitmoq
bem	яхши	yaxshi
mal	ёмон	yomon
ruído (m)	халал берувчи шовқин	xalal beruvchi shovqin
fone (m)	трубка	trubka
pegar o telefone	трубкани олмоқ	trubkani olmoq
desligar (vi)	трубкани қўймоқ	trubkani qo'ymoq
ocupado (adj)	банд	band
tocar (vi)	жирингламоқ	jiringlamoq
lista (f) telefônica	телефон китоби	telefon kitobi
local (adj)	маҳаллий	mahalliy
chamada (f) local	маҳаллий қўнғироқ	mahalliy qo'ng'iroq
de longa distância	шаҳарлараро	shaharlararo
chamada (f) de longa distância	шаҳарлараро қўнғироқ	shaharlararo qo'ng'iroq
internacional (adj)	халқаро	xalqaro
chamada (f) internacional	халқаро қўнғироқ	xalqaro qo'ng'iroq

45. Telefone móvel

celular (m)	мобил телефон	mobil telefon
tela (f)	дисплей	displey
botão (m)	тугма	tugma
cartão SIM (m)	СИМ-карта	SIM-karta
bateria (f)	батарея	batareya
descarregar-se (vr)	разрядка бўлмоқ	razryadka bo'lmoq
carregador (m)	заряд қилиш мосламаси	zaryad qilish moslamasi
menu (m)	меню	menyu
configurações (f pl)	созлашлар	sozlashlar
melodia (f)	мелодия	melodiya
escolher (vt)	танламоқ	tanlamoq
calculadora (f)	калькулятор	kalkulyator
correio (m) de voz	автоматик жавоб берувчи	avtomatik javob beruvchi
despertador (m)	будилник	budilnik
contatos (m pl)	телефон китоби	telefon kitobi
mensagem (f) de texto	СМС-хабар	SMS-xabar
assinante (m)	абонент	abonent

46. Estacionário

caneta (f)	ручка	ruchka
caneta (f) tinteiro	пероли ручка	peroli ruchka
lápis (m)	қалам	qalam
marcador (m) de texto	маркер	marker

caneta (f) hidrográfica	фломастер	flomaster
bloco (m) de notas	ён дафтарча	yon daftarcha
agenda (f)	кундалик	kundalik
régua (f)	чизғич	chizg'ich
calculadora (f)	калкулятор	kalkulyator
borracha (f)	ўчирғич	o'chirg'ich
alfinete (m)	кнопка	knopka
clipe (m)	қисқич	qisqich
cola (f)	елим	elim
grampeador (m)	степлер	stepler
furador (m) de papel	тешгич	teshgich
apontador (m)	точилка	tochilka

47. Línguas estrangeiras

língua (f)	тил	til
estrangeiro (adj)	чет	chet
língua (f) estrangeira	чет тили	chet tili
estudar (vt)	ўрганмоқ	o'rganmoq
aprender (vt)	ўрганмоқ	o'rganmoq
ler (vt)	ўқимоқ	o'qimoq
falar (vi)	гапирмоқ	gapirmoq
entender (vt)	тушунмоқ	tushunmoq
escrever (vt)	ёзмоқ	yozmoq
rapidamente	тез	tez
devagar, lentamente	секин	sekin
fluentemente	еркин	erkin
regras (f pl)	қоидалар	qoidalar
gramática (f)	грамматика	grammatika
vocabulário (m)	лексика	leksika
fonética (f)	фонетика	fonetika
livro (m) didático	дарслик	darslik
dicionário (m)	луғат	lug'at
manual (m) autodidático	мустақил ўрганиш учун қўлланма	mustaqil o'rganish uchun qo'llanma
guia (m) de conversação	сўзлашув китоби	so'zlashuv kitobi
fita (f) cassete	кассета	kasseta
videoteipe (m)	видеокассета	videokasseta
CD (m)	СД-диск	CD-disk
DVD (m)	ДВД-диск	DVD-disk
alfabeto (m)	алифбе	alifbe
soletrar (vt)	ҳарфлаб гапирмоқ	harflab gapirmoq
pronúncia (f)	талаффуз	talaffuz
sotaque (m)	акцент	aktsent
com sotaque	акценциз	aktsentsiz

sem sotaque	акцент билан	aktsent bilan
palavra (f)	сўз	so'z
sentido (m)	маъно	ma'no
curso (m)	курслар	kurslar
inscrever-se (vr)	ёзилмоқ	yozilmoq
professor (m)	ўқитувчи	o'qituvchi
tradução (processo)	таржима	tarjima
tradução (texto)	таржима	tarjima
tradutor (m)	таржимон	tarjimon
intérprete (m)	таржимон	tarjimon
poliglota (m)	полиглот	poliglot
memória (f)	хотира	xotira

REFEIÇÕES. RESTAURANTE

48. Por a mesa

colher (f)	қошиқ	qoshiq
faca (f)	пичоқ	pichoq
garfo (m)	санчқи	sanchqi
xícara (f)	косача	kosacha
prato (m)	тарелка	tarelka
pires (m)	ликопча	likopcha
guardanapo (m)	кўл сочиқ	qo'l sochiq
palito (m)	тиш кавлагич	tish kavlagich

49. Restaurante

restaurante (m)	ресторан	restoran
cafeteria (f)	кофехона	kofexona
bar (m), cervejaria (f)	бар	bar
salão (m) de chá	чой салони	choy saloni
garçom (m)	официант	ofitsiant
garçonete (f)	официантка	ofitsiantka
barman (m)	бармен	barmen
cardápio (m)	таомнома	taomnoma
lista (f) de vinhos	винолар рўйхати	vinolar ro'yxati
reservar uma mesa	столни банд қилмоқ	stolni band qilmoq
prato (m)	таом	taom
pedir (vt)	буюртма қилмоқ	buyurtma qilmoq
fazer o pedido	буюртма бермоқ	buyurtma bermoq
aperitivo (m)	аперитив	aperitiv
entrada (f)	газак	gazak
sobremesa (f)	десерт	desert
conta (f)	ҳисоб	hisob
pagar a conta	ҳисоб бўйича тўламоқ	hisob bo'yicha to'lamoq
dar o troco	қайтим бермоқ	qaytim bermoq
gorjeta (f)	чойчақа	choychaqa

50. Refeições

comida (f)	таом	taom
comer (vt)	йемоқ	yemoq

café (m) da manhã	нонушта	nonushta
tomar café da manhã	нонушта қилмоқ	nonushta qilmoq
almoço (m)	тушлик	tushlik
almoçar (vi)	тушлик қилмоқ	tushlik qilmoq
jantar (m)	кечки овқат	kechki ovqat
jantar (vi)	кечки овқатни емоқ	kechki ovqatni emoq
apetite (m)	иштаҳа	ishtaha
Bom apetite!	Ёқимли иштаҳа!	Yoqimli ishtaha!
abrir (~ uma lata, etc.)	очмоқ	ochmoq
derramar (~ líquido)	тўкмоқ	to'kmoq
derramar-se (vr)	тўкилмоқ	to'kilmoq
ferver (vi)	қайнамоқ	qaynamoq
ferver (vt)	қайнатмоқ	qaynatmoq
fervido (adj)	қайнатилган	qaynatilgan
esfriar (vt)	совутмоқ	sovutmoq
esfriar-se (vr)	совутилмоқ	sovutilmoq
sabor, gosto (m)	таъм	ta'm
fim (m) de boca	қўшимча таъм	qo'shimcha ta'm
emagrecer (vi)	озмоқ	ozmoq
dieta (f)	парҳез	parhez
vitamina (f)	витамин	vitamin
caloria (f)	калория	kaloriya
vegetariano (m)	вегетариан	vegetarian
vegetariano (adj)	вегетарианча	vegetariancha
gorduras (f pl)	ёғлар	yog'lar
proteínas (f pl)	оқсиллар	oqsillar
carboidratos (m pl)	углеводлар	uglevodlar
fatia (~ de limão, etc.)	тилимча	tilimcha
pedaço (~ de bolo)	бўлак	bo'lak
migalha (f), farelo (m)	урвоқ	urvoq

51. Pratos cozinhados

prato (m)	таом	taom
cozinha (~ portuguesa)	ошхона	oshxona
receita (f)	рецепт	retsept
porção (f)	порция	portsiya
salada (f)	салат	salat
sopa (f)	шўрва	sho'rva
caldo (m)	қуруқ қайнатма шўрва	quruq qaynatma sho'rva
sanduíche (m)	бутерброд	buterbrod
ovos (m pl) fritos	тухум қуймоқ	tuxum quymoq
hambúrguer (m)	гамбургер	gamburger
bife (m)	бифштекс	bifshteks
acompanhamento (m)	гарнир	garnir

espaguete (m)	спагетти	spagetti
purê (m) de batata	картошка пюреси	kartoshka pyuresi
pizza (f)	пицца	pitstsa
mingau (m)	бўтқа	bo'tqa
omelete (f)	қуймоқ	quymoq
fervido (adj)	пиширилган	pishirilgan
defumado (adj)	дудланган	dudlangan
frito (adj)	қовурилган	qovurilgan
seco (adj)	қуритилган	quritilgan
congelado (adj)	музлатилган	muzlatilgan
em conserva (adj)	маринадланган	marinadlangan
doce (adj)	ширин	shirin
salgado (adj)	тузланган	tuzlangan
frio (adj)	совуқ	sovuq
quente (adj)	иссиқ	issiq
amargo (adj)	аччиқ	achchiq
gostoso (adj)	мазали	mazali
cozinhar em água fervente	пиширмоқ	pishirmoq
preparar (vt)	тайёрламоқ	tayyorlamoq
fritar (vt)	қовурмоқ	qovurmoq
aquecer (vt)	иситмоқ	isitmoq
salgar (vt)	тузламоқ	tuzlamoq
apimentar (vt)	мурч сепмоқ	murch sepmoq
ralar (vt)	қирғичда қирмоқ	qirg'ichda qirmoq
casca (f)	пўст	po'st
descascar (vt)	тозаламоқ	tozalamoq

52. Comida

carne (f)	гўшт	go'sht
galinha (f)	товуқ	tovuq
frango (m)	жўжа	jo'ja
pato (m)	ўрдак	o'rdak
ganso (m)	ғоз	g'oz
caça (f)	илвасин	ilvasin
peru (m)	курка	kurka
carne (f) de porco	чўчқа гўшти	cho'chqa go'shti
carne (f) de vitela	бузоқ гўшти	buzoq go'shti
carne (f) de carneiro	қўй гўшти	qo'y go'shti
carne (f) de vaca	мол гўшти	mol go'shti
carne (f) de coelho	қуён	quyon
linguiça (f), salsichão (m)	колбаса	kolbasa
salsicha (f)	сосиска	sosiska
bacon (m)	бекон	bekon
presunto (m)	ветчина	vetchina
pernil (m) de porco	сон гўшти	son go'shti
patê (m)	паштет	pashtet
fígado (m)	жигар	jigar

guisado (m)	қийма	qiyma
língua (f)	тил	til
ovo (m)	тухум	tuxum
ovos (m pl)	тухумлар	tuxumlar
clara (f) de ovo	тухумни оқи	tuxumni oqi
gema (f) de ovo	тухумни сариғи	tuxumni sarig'i
peixe (m)	балиқ	baliq
mariscos (m pl)	денгиз маҳсулоти	dengiz mahsuloti
crustáceos (m pl)	қисқичбақасимонлар	qisqichbaqasimonlar
caviar (m)	увилдириқ	uvildiriq
caranguejo (m)	қисқичбақа	qisqichbaqa
camarão (m)	креветка	krevetka
ostra (f)	устрица	ustritsa
lagosta (f)	лангуст	langust
polvo (m)	саккизоёқ	sakkizoyoq
lula (f)	калмар	kalmar
esturjão (m)	осётр гўшти	osyotr go'shti
salmão (m)	лосос	losos
halibute (m)	палтус	paltus
bacalhau (m)	треска	treska
cavala, sarda (f)	скумбрия	skumbriya
atum (m)	тунец	tunets
enguia (f)	илонбалиқ	ilonbaliq
truta (f)	форел	forel
sardinha (f)	сардина	sardina
lúcio (m)	чўртанбалиқ	cho'rtanbaliq
arenque (m)	селд	seld
pão (m)	нон	non
queijo (m)	пишлоқ	pishloq
açúcar (m)	қанд	qand
sal (m)	туз	tuz
arroz (m)	гуруч	guruch
massas (f pl)	макарон	makaron
talharim, miojo (m)	угра	ugra
manteiga (f)	сариёғ	sariyog'
óleo (m) vegetal	ўсимлик ёғи	o'simlik yog'i
óleo (m) de girassol	кунгабоқар ёғи	kungaboqar yog'i
margarina (f)	маргарин	margarin
azeitonas (f pl)	зайтун	zaytun
azeite (m)	зайтун ёғи	zaytun yog'i
leite (m)	сут	sut
leite (m) condensado	қуйилтирилган сут	quyiltirilgan sut
iogurte (m)	ёғурт	yogurt
creme (m) azedo	сметана	smetana
creme (m) de leite	қаймоқ	qaymoq

| maionese (f) | маёнез | mayonez |
| creme (m) | крем | krem |

grãos (m pl) de cereais	ёрма	yorma
farinha (f)	ун	un
enlatados (m pl)	консерва	konserva

flocos (m pl) de milho	маккажўхори бодроқ	makkajo'xori bodroq
mel (m)	асал	asal
geleia (m)	жем	jem
chiclete (m)	чайналадиган резинка	chaynaladigan rezinka

53. Bebidas

água (f)	сув	suv
água (f) potável	ичимлик сув	ichimlik suv
água (f) mineral	минерал сув	mineral suv

sem gás (adj)	газсиз	gazsiz
gaseificada (adj)	газланган	gazlangan
com gás	газли	gazli
gelo (m)	муз	muz
com gelo	музли	muzli

não alcoólico (adj)	алкоголсиз	alkogolsiz
refrigerante (m)	алкоголсиз ичимлик	alkogolsiz ichimlik
refresco (m)	салқин ичимлик	salqin ichimlik
limonada (f)	лимонад	limonad

bebidas (f pl) alcoólicas	спиртли ичимликлар	spirtli ichimliklar
vinho (m)	вино	vino
vinho (m) branco	оқ вино	oq vino
vinho (m) tinto	қизил вино	qizil vino

licor (m)	ликёр	likyor
champanhe (m)	шампан виноси	shampan vinosi
vermute (m)	вермут	vermut

uísque (m)	виски	viski
vodca (f)	ароқ	aroq
gim (m)	джин	djin
conhaque (m)	коняк	konyak
rum (m)	ром	rom

café (m)	кофе	kofe
café (m) preto	қора кофе	qora kofe
café (m) com leite	сутли кофе	sutli kofe
cappuccino (m)	қаймоқли кофе	qaymoqli kofe
café (m) solúvel	ерийдиган кофе	eriydigan kofe

leite (m)	сут	sut
coquetel (m)	коктейл	kokteyl
batida (f), milkshake (m)	сутли коктейл	sutli kokteyl
suco (m)	шарбат	sharbat

suco (m) de tomate	томат шарбати	tomat sharbati
suco (m) de laranja	апелсин шарбати	apelsin sharbati
suco (m) fresco	янги сиқилган шарбат	yangi siqilgan sharbat
cerveja (f)	пиво	pivo
cerveja (f) clara	оч ранг пиво	och rang pivo
cerveja (f) preta	тўқ ранг пиво	to'q rang pivo
chá (m)	чой	choy
chá (m) preto	қора чой	qora choy
chá (m) verde	кўк чой	ko'k choy

54. Vegetais

vegetais (m pl)	сабзавотлар	sabzavotlar
verdura (f)	кўкат	ko'kat
tomate (m)	помидор	pomidor
pepino (m)	бодринг	bodring
cenoura (f)	сабзи	sabzi
batata (f)	картошка	kartoshka
cebola (f)	пиёз	piyoz
alho (m)	саримсоқ	sarimsoq
couve (f)	карам	karam
couve-flor (f)	гулкарам	gulkaram
couve-de-bruxelas (f)	брюссел карами	bryussel karami
brócolis (m pl)	брокколи карами	brokkoli karami
beterraba (f)	лавлаги	lavlagi
berinjela (f)	бақлажон	baqlajon
abobrinha (f)	қовоқча	qovoqcha
abóbora (f)	ошқовоқ	oshqovoq
nabo (m)	шолғом	sholg'om
salsa (f)	петрушка	petrushka
endro, aneto (m)	укроп	ukrop
alface (f)	салат	salat
aipo (m)	селдерей	selderey
aspargo (m)	сарсабил	sarsabil
espinafre (m)	исмалоқ	ismaloq
ervilha (f)	нўхат	no'xat
feijão (~ soja, etc.)	дуккакли ўсимликлар	dukkakli o'simliklar
milho (m)	маккажўхори	makkajo'xori
feijão (m) roxo	ловия	loviya
pimentão (m)	қалампир	qalampir
rabanete (m)	редиска	rediska
alcachofra (f)	артишок	artishok

55. Frutos. Nozes

fruta (f)	мева	meva
maçã (f)	олма	olma
pera (f)	нок	nok
limão (m)	лимон	limon
laranja (f)	апелсин	apelsin
morango (m)	қулупнай	qulupnay
tangerina (f)	мандарин	mandarin
ameixa (f)	олхўри	olxo'ri
pêssego (m)	шафтоли	shaftoli
damasco (m)	ўрик	o'rik
framboesa (f)	малина	malina
abacaxi (m)	ананас	ananas
banana (f)	банан	banan
melancia (f)	тарвуз	tarvuz
uva (f)	узум	uzum
ginja (f)	олча	olcha
cereja (f)	гилос	gilos
melão (m)	қовун	qovun
toranja (f)	грейпфрут	greypfrut
abacate (m)	авокадо	avokado
mamão (m)	папайя	papayya
manga (f)	манго	mango
romã (f)	анор	anor
groselha (f) vermelha	қизил смородина	qizil smorodina
groselha (f) negra	қора смородина	qora smorodina
groselha (f) espinhosa	крижовник	krijovnik
mirtilo (m)	черника	chernika
amora (f) silvestre	маймунжон	maymunjon
passa (f)	майиз	mayiz
figo (m)	анжир	anjir
tâmara (f)	хурмо	xurmo
amendoim (m)	ерёнғоқ	eryong'oq
amêndoa (f)	бодом	bodom
noz (f)	ёнғоқ	yong'oq
avelã (f)	ўрмон ёнғоғи	o'rmon yong'og'i
coco (m)	кокос ёнғоғи	kokos yong'og'i
pistaches (m pl)	писта	pista

56. Pão. Bolaria

pastelaria (f)	қандолат маҳсулотлари	qandolat mahsulotlari
pão (m)	нон	non
biscoito (m), bolacha (f)	печене	pechene
chocolate (m)	шоколад	shokolad
de chocolate	шоколадли	shokoladli

bala (f)	конфет	konfet
doce (bolo pequeno)	пирожное	pirojnoe
bolo (m) de aniversário	торт	tort

| torta (f) | пирог | pirog |
| recheio (m) | начинка | nachinka |

geleia (m)	мураббо	murabbo
marmelada (f)	мармелад	marmelad
wafers (m pl)	вафли	vafli
sorvete (m)	музқаймоқ	muzqaymoq
pudim (m)	пудинг	puding

57. Especiarias

sal (m)	туз	tuz
salgado (adj)	тузли	tuzli
salgar (vt)	тузламоқ	tuzlamoq

pimenta-do-reino (f)	қора мурч	qora murch
pimenta (f) vermelha	қизил қалампир	qizil qalampir
mostarda (f)	горчица	gorchitsa
raiz-forte (f)	хрен	xren

condimento (m)	зиравор	ziravor
especiaria (f)	доривор	dorivor
molho (~ inglês)	қайла	qayla
vinagre (m)	сирка	sirka

anis estrelado (m)	анис	anis
manjericão (m)	райхон	rayhon
cravo (m)	қалампирмунчоқ	qalampirmunchoq
gengibre (m)	занжабил	zanjabil
coentro (m)	кашнич	kashnich
canela (f)	долчин	dolchin

gergelim (m)	кунжут	kunjut
folha (f) de louro	лавр япроғи	lavr yaprog'i
páprica (f)	гармдори	garmdori
cominho (m)	зира	zira
açafrão (m)	заъфарон	za'faron

INFORMAÇÃO PESSOAL. FAMÍLIA

58. Informação pessoal. Formulários

nome (m)	исм	ism
sobrenome (m)	фамилия	familiya
data (f) de nascimento	туғилган сана	tug'ilgan sana
local (m) de nascimento	туғилган жойи	tug'ilgan joyi
nacionalidade (f)	миллати	millati
lugar (m) de residência	турар жойи	turar joyi
país (m)	мамлакат	mamlakat
profissão (f)	касб	kasb
sexo (m)	жинс	jins
estatura (f)	бўй	bo'y
peso (m)	вазн	vazn

59. Membros da família. Parentes

mãe (f)	она	ona
pai (m)	ота	ota
filho (m)	ўғли	o'g'li
filha (f)	қиз	qiz
caçula (f)	кичик қиз	kichik qiz
caçula (m)	кичик ўғил	kichik o'g'il
filha (f) mais velha	катта қизи	katta qizi
filho (m) mais velho	катта ўғли	katta o'g'li
irmão (m) mais velho	ака	aka
irmão (m) mais novo	ука	uka
irmã (f) mais velha	опа	opa
irmã (f) mais nova	сингил	singil
primo (m)	амакивачча, холавачча	amakivachcha, xolavachcha
prima (f)	амакивачча, холавачча	amakivachcha, xolavachcha
mamãe (f)	ойи	oyi
papai (m)	дада	dada
pais (pl)	ота-она	ota-ona
criança (f)	бола	bola
crianças (f pl)	болалар	bolalar
avó (f)	буви	buvi
avô (m)	бобо	bobo
neto (m)	невара	nevara
neta (f)	набира	nabira
netos (pl)	невsaralar	nevaralar

tio (m)	амаки	amaki
tia (f)	хола	xola
sobrinho (m)	жиян	jiyan
sobrinha (f)	жиян	jiyan
sogra (f)	қайнона	qaynona
sogro (m)	қайнота	qaynota
genro (m)	куёв	kuyov
madrasta (f)	ўгай она	o'gay ona
padrasto (m)	ўгай ота	o'gay ota
criança (f) de colo	гўдак	go'dak
bebê (m)	чақалоқ	chaqaloq
menino (m)	кичкинтой	kichkintoy
mulher (f)	хотин	xotin
marido (m)	ер	er
esposo (m)	рафиқ	rafiq
esposa (f)	рафиқа	rafiqa
casado (adj)	уйланган	uylangan
casada (adj)	турмушга чиққан	turmushga chiqqan
solteiro (adj)	бўйдоқ	bo'ydoq
solteirão (m)	бўйдоқ	bo'ydoq
divorciado (adj)	ажрашган	ajrashgan
viúva (f)	бева аёл	beva ayol
viúvo (m)	бева еркак	beva erkak
parente (m)	қариндош	qarindosh
parente (m) próximo	яқин қариндош	yaqin qarindosh
parente (m) distante	узоқ қариндош	uzoq qarindosh
parentes (m pl)	қариндошлар	qarindoshlar
órfão (m), órfã (f)	йетим	yetim
tutor (m)	васий	vasiy
adotar (um filho)	ўғил қилиб олиш	o'g'il qilib olish
adotar (uma filha)	қиз қилиб олиш	qiz qilib olish

60. Amigos. Colegas de trabalho

amigo (m)	дўст	do'st
amiga (f)	дугона	dugona
amizade (f)	дўстлик	do'stlik
ser amigos	дўстлашмоқ	do'stlashmoq
amigo (m)	оғайни	og'ayni
amiga (f)	дугона	dugona
parceiro (m)	шерик	sherik
chefe (m)	раҳбар	rahbar
superior (m)	бошлиқ	boshliq
proprietário (m)	ега	ega
subordinado (m)	бўйсунувчи	bo'ysunuvchi
colega (m, f)	ҳамкасб	hamkasb

conhecido (m)	**таниш**	tanish
companheiro (m) de viagem	**йўловчи**	yo'lovchi
colega (m) de classe	**синфдош**	sinfdosh
vizinho (m)	**қўшни еркак**	qo'shni erkak
vizinha (f)	**қўшни аёл**	qo'shni ayol
vizinhos (pl)	**қўшнилар**	qo'shnilar

CORPO HUMANO. MEDICINA

61. Cabeça

cabeça (f)	бош	bosh
rosto, cara (f)	юз	yuz
nariz (m)	бурун	burun
boca (f)	оғиз	og'iz
olho (m)	кўз	ko'z
olhos (m pl)	кўзлар	ko'zlar
pupila (f)	қорачиқ	qorachiq
sobrancelha (f)	қош	qosh
cílio (f)	киприк	kiprik
pálpebra (f)	кўз қовоғи	ko'z qovog'i
língua (f)	тил	til
dente (m)	тиш	tish
lábios (m pl)	лаблар	lablar
maçãs (f pl) do rosto	ёноқлар	yonoqlar
gengiva (f)	милк	milk
palato (m)	танглай	tanglay
narinas (f pl)	бурун тешиги	burun teshigi
queixo (m)	енгак	engak
mandíbula (f)	жағ	jag'
bochecha (f)	юз	yuz
testa (f)	пешона	peshona
têmpora (f)	чакка	chakka
orelha (f)	қулоқ	quloq
costas (f pl) da cabeça	гардан	gardan
pescoço (m)	бўйин	bo'yin
garganta (f)	томоқ	tomoq
cabelo (m)	сочлар	sochlar
penteado (m)	турмак	turmak
corte (m) de cabelo	кесиш	kesish
peruca (f)	ясама соч	yasama soch
bigode (m)	мўйлов	mo'ylov
barba (f)	соқол	soqol
ter (~ barba, etc.)	қўйиш	qo'yish
trança (f)	соч ўрими	soch o'rimi
suíças (f pl)	чекка соқол	chekka soqol
ruivo (adj)	малла	malla
grisalho (adj)	оқарган	oqargan
careca (adj)	кал	kal
calva (f)	сочи йўқ жой	sochi yo'q joy

| rabo-de-cavalo (m) | дум | dum |
| franja (f) | пешонагажак | peshonagajak |

62. Corpo humano

| mão (f) | панжа | panja |
| braço (m) | қўл | qo'l |

dedo (m)	бармоқ	barmoq
polegar (m)	катта бармоқ	katta barmoq
dedo (m) mindinho	жимжилоқ	jimjiloq
unha (f)	тирноқ	tirnoq

punho (m)	мушт	musht
palma (f)	кафт	kaft
pulso (m)	билак	bilak
antebraço (m)	билак	bilak
cotovelo (m)	тирсак	tirsak
ombro (m)	елка	elka

perna (f)	оёқ	oyoq
pé (m)	товон таги	tovon tagi
joelho (m)	тизза	tizza
panturrilha (f)	болдир	boldir
quadril (m)	сон	son
calcanhar (m)	товон	tovon

corpo (m)	тана	tana
barriga (f), ventre (m)	қорин	qorin
peito (m)	кўкрак	ko'krak
seio (m)	сийна, емчак	siyna, emchak
lado (m)	ёнбош	yonbosh
costas (dorso)	орқа	orqa
região (f) lombar	бел	bel
cintura (f)	бел	bel

umbigo (m)	киндик	kindik
nádegas (f pl)	думбалар	dumbalar
traseiro (m)	орқа	orqa

sinal (m), pinta (f)	хол	xol
sinal (m) de nascença	қашқа хол	qashqa xol
tatuagem (f)	татуировка	tatuirovka
cicatriz (f)	чандиқ	chandiq

63. Doenças

doença (f)	касаллик	kasallik
estar doente	касал бўлмоқ	kasal bo'lmoq
saúde (f)	саломатлик	salomatlik
nariz (m) escorrendo	тумов	tumov
amigdalite (f)	ангина	angina

| resfriado (m) | шамоллаш | shamollash |
| ficar resfriado | шамолламоқ | shamollamoq |

bronquite (f)	бронхит	bronxit
pneumonia (f)	ўпка яллигланиши	o'pka yalliglanishi
gripe (f)	грипп	gripp

míope (adj)	узоқни кўролмайдиган	uzoqni ko'rolmaydigan
presbita (adj)	узоқни кўрувчи	uzoqni ko'ruvchi
estrabismo (m)	ғилайлик	g'ilaylik
estrábico, vesgo (adj)	ғилай	g'ilay
catarata (f)	катаракта	katarakta
glaucoma (m)	глаукома	glaukoma

AVC (m), apoplexia (f)	инсулт	insult
ataque (m) cardíaco	инфаркт	infarkt
enfarte (m) do miocárdio	миоакард инфаркти	mioakard infarkti
paralisia (f)	фалажлик	falajlik
paralisar (vt)	фалажламоқ	falajlamoq

alergia (f)	аллергия	allergiya
asma (f)	астма	astma
diabetes (f)	диабет	diabet

| dor (f) de dente | тиш оғриғи | tish og'rig'i |
| cárie (f) | кариес | karies |

diarreia (f)	диарея	diareya
prisão (f) de ventre	қабзият	qabziyat
desarranjo (m) intestinal	меъда бузилиши	me'da buzilishi
intoxicação (f) alimentar	заҳарланиш	zaharlanish
intoxicar-se	заҳарланмоқ	zaharlanmoq

artrite (f)	артрит	artrit
raquitismo (m)	рахит	raxit
reumatismo (m)	бод	bod
arteriosclerose (f)	атеросклероз	ateroskleroz

gastrite (f)	гастрит	gastrit
apendicite (f)	аппендецин	appendetsin
colecistite (f)	холецистит	xoletsistit
úlcera (f)	ошқозон яраси	oshqozon yarasi

sarampo (m)	қизамиқ	qizamiq
rubéola (f)	қизилча	qizilcha
icterícia (f)	сариқ касали	sariq kasali
hepatite (f)	гепатит	gepatit

esquizofrenia (f)	шизофрения	shizofreniya
raiva (f)	қутуриш	quturish
neurose (f)	невроз	nevroz
contusão (f) cerebral	миянинг чайқалиши	miyaning chayqalishi

câncer (m)	саратон	saraton
esclerose (f)	склероз	skleroz
esclerose (f) múltipla	паришонхотир склероз	parishonxotir skleroz

alcoolismo (m)	алкоголизм	alkogolizm
alcoólico (m)	алкоголик	alkogolik
sífilis (f)	сифилис	sifilis
AIDS (f)	ОИТС	OITS

tumor (m)	ўсма	o'sma
maligno (adj)	хавфли	xavfli
benigno (adj)	безарар	bezarar
febre (f)	иситмали қалтироқ	isitmali qaltiroq
malária (f)	безгак	bezgak
gangrena (f)	қорасон	qorason
enjoo (m)	денгиз касали	dengiz kasali
epilepsia (f)	тутқаноқ	tutqanoq

epidemia (f)	епидемия	epidemiya
tifo (m)	терлама	terlama
tuberculose (f)	сил	sil
cólera (f)	вабо	vabo
peste (f) bubônica	ўлат	o'lat

64. Sintomas. Tratamentos. Parte 1

sintoma (m)	симптом	simptom
temperatura (f)	ҳарорат	harorat
febre (f)	юқори ҳарорат	yuqori harorat
pulso (m)	пулс	puls

vertigem (f)	бош айланиши	bosh aylanishi
quente (testa, etc.)	иссиқ	issiq
calafrio (m)	қалтироқ	qaltiroq
pálido (adj)	рангпар	rangpar

tosse (f)	йўтал	yo'tal
tossir (vi)	йўталмоқ	yo'talmoq
espirrar (vi)	аксирмоқ	aksirmoq
desmaio (m)	беҳушлик	behushlik
desmaiar (vi)	ҳушидан кетиб қолмоқ	hushidan ketib qolmoq

mancha (f) preta	мўматалоқ	mo'mataloq
galo (m)	ғурра	g'urra
machucar-se (vr)	урилмоқ	urilmoq
contusão (f)	урилган жой	urilgan joy
machucar-se (vr)	уриб олмоқ	urib olmoq

mancar (vi)	чўлоқланиш	cho'loqlanish
deslocamento (f)	чиқиқ	chiqiq
deslocar (vt)	чиқармоқ	chiqarmoq
fratura (f)	синдириш	sindirish
fraturar (vt)	синдириб олмоқ	sindirib olmoq

corte (m)	кесилган жой	kesilgan joy
cortar-se (vr)	кесиб олиш	kesib olish
hemorragia (f)	қон кетиш	qon ketish
queimadura (f)	куйиш	kuyish

queimar-se (vr)	куймоқ	kuymoq
picar (vt)	санчмоқ	sanchmoq
picar-se (vr)	санчиб олмоқ	sanchib olmoq
lesionar (vt)	яраламоқ	yaralamoq
lesão (m)	жароҳат	jarohat
ferida (f), ferimento (m)	яра	yara
trauma (m)	жароҳатланиш	jarohatlanish
delirar (vi)	алаҳламоқ	alahlamoq
gaguejar (vi)	дудуқланмоқ	duduqlanmoq
insolação (f)	қуёш уриши	quyosh urishi

65. Sintomas. Tratamentos. Parte 2

dor (f)	оғриқ	og'riq
farpa (no dedo, etc.)	зирапча	zirapcha
suor (m)	тер	ter
suar (vi)	терламоқ	terlamoq
vômito (m)	қайт қилиш	qayt qilish
convulsões (f pl)	томир тортишиш	tomir tortishish
grávida (adj)	ҳомиладор	homilador
nascer (vi)	туғилмоқ	tug'ilmoq
parto (m)	туғиш	tug'ish
dar à luz	туғмоқ	tug'moq
aborto (m)	аборт	abort
respiração (f)	нафас	nafas
inspiração (f)	нафас олиш	nafas olish
expiração (f)	нафас чиқариш	nafas chiqarish
expirar (vi)	нафас чиқармоқ	nafas chiqarmoq
inspirar (vi)	нафас олмоқ	nafas olmoq
inválido (m)	ногирон	nogiron
aleijado (m)	мажруҳ	majruh
drogado (m)	гиёҳванд	giyohvand
surdo (adj)	кар	kar
mudo (adj)	соқов	soqov
surdo-mudo (adj)	кар-соқов	kar-soqov
louco, insano (adj)	жинни	jinni
louco (m)	жинни эркак	jinni erkak
louca (f)	жинни аёл	jinni ayol
ficar louco	ақлдан озиш	aqldan ozish
gene (m)	ген	gen
imunidade (f)	иммунитет	immunitet
hereditário (adj)	ирсий	irsiy
congênito (adj)	туғма	tug'ma
vírus (m)	вирус	virus
micróbio (m)	микроб	mikrob

| bactéria (f) | бактерия | bakteriya |
| infecção (f) | инфекция | infektsiya |

66. Sintomas. Tratamentos. Parte 3

| hospital (m) | касалхона | kasalxona |
| paciente (m) | даволанувчи | davolanuvchi |

diagnóstico (m)	ташхис	tashxis
cura (f)	даволаниш	davolanish
tratamento (m) médico	даволаш	davolash
curar-se (vr)	даволанмоқ	davolanmoq
tratar (vt)	даволамоқ	davolamoq
cuidar (pessoa)	қарамоқ	qaramoq
cuidado (m)	муолажа	muolaja

operação (f)	операция	operatsiya
enfaixar (vt)	ярани боғламоқ	yarani bog'lamoq
enfaixamento (m)	ярани боғлаш	yarani bog'lash

vacinação (f)	емлаш	emlash
vacinar (vt)	емламоқ	emlamoq
injeção (f)	укол	ukol
dar uma injeção	укол қилмоқ	ukol qilmoq

ataque (~ de asma, etc.)	хуруж, тутқаноқ	xuruj, tutqanoq
amputação (f)	кесиб ташлаш	kesib tashlash
amputar (vt)	кесиб ташламоқ	kesib tashlamoq
coma (f)	кома	koma
estar em coma	кома ҳолатида бўлмоқ	koma holatida bo'lmoq
reanimação (f)	реанимация	reanimatsiya

recuperar-se (vr)	соғайиш	sog'ayish
estado (~ de saúde)	аҳвол	ahvol
consciência (perder a ~)	ҳуш	hush
memória (f)	хотира	xotira

tirar (vt)	суғурмоқ	sug'urmoq
obturação (f)	пломба	plomba
obturar (vt)	пломбаламоқ	plombalamoq

| hipnose (f) | гипноз | gipnoz |
| hipnotizar (vt) | гипноз қилмоқ | gipnoz qilmoq |

67. Medicina. Drogas. Acessórios

medicamento (m)	дори-дармон	dori-darmon
remédio (m)	даволаш воситалари	davolash vositalari
receitar (vt)	ёзиб бермоқ	yozib bermoq
receita (f)	рецепт	retsept
comprimido (m)	таблетка дори	tabletka dori
unguento (m)	малҳам дори	malham dori

ampola (f)	ампула	ampula
solução, preparado (m)	суюқ дори	suyuq dori
xarope (m)	қиём	qiyom
cápsula (f)	ҳапдори	hapdori
pó (m)	кукун дори	kukun dori
atadura (f)	бинт	bint
algodão (m)	пахта	paxta
iodo (m)	ёд	yod
curativo (m) adesivo	пластир	plastir
conta-gotas (m)	доритомизгич	doritomizgich
termômetro (m)	тиббий термометр	tibbiy termometr
seringa (f)	шприц	shprits
cadeira (f) de rodas	аравача	aravacha
muletas (f pl)	қўлтиқтаёқ	qo'ltiqtayoq
analgésico (m)	оғриқсизлантирувчи	og'riqsizlantiruvchi
laxante (m)	сурги дори	surgi dori
álcool (m)	спирт	spirt
ervas (f pl) medicinais	доривор ўт	dorivor o't
de ervas (chá ~)	ўтли	o'tli

APARTAMENTO

68. Apartamento

apartamento (m)	хонадон	xonadon
quarto, cômodo (m)	хона	xona
quarto (m) de dormir	ётоқхона	yotoqxona
sala (f) de jantar	йемакхона	yemakxona
sala (f) de estar	меҳмонхона	mehmonxona
escritório (m)	кабинет	kabinet
sala (f) de entrada	даҳлиз	dahliz
banheiro (m)	ваннахона	vannaxona
lavabo (m)	ҳожатхона	hojatxona
teto (m)	шип	ship
chão, piso (m)	пол	pol
canto (m)	бурчак	burchak

69. Mobiliário. Interior

mobiliário (m)	мебел	mebel
mesa (f)	стол	stol
cadeira (f)	стул	stul
cama (f)	каравот	karavot
sofá, divã (m)	диван	divan
poltrona (f)	кресло	kreslo
estante (f)	жавон	javon
prateleira (f)	полка	polka
guarda-roupas (m)	шкаф	shkaf
cabide (m) de parede	кийим илгич	kiyim ilgich
cabideiro (m) de pé	кийим илгич	kiyim ilgich
cômoda (f)	комод	komod
mesinha (f) de centro	журнал столи	jurnal stoli
espelho (m)	кўзгу	ko'zgu
tapete (m)	гилам	gilam
tapete (m) pequeno	гиламча	gilamcha
lareira (f)	камин	kamin
vela (f)	шам	sham
castiçal (m)	шамдон	shamdon
cortinas (f pl)	дарпарда	darparda
papel (m) de parede	гулқоғоз	gulqog'oz

persianas (f pl)	дарпарда	darparda
luminária (f) de mesa	стол чироғи	stol chirog'i
luminária (f) de parede	чироқ	chiroq
abajur (m) de pé	торшер	torsher
lustre (m)	қандил	qandil

pé (de mesa, etc.)	оёқ	oyoq
braço, descanso (m)	тирсаклагич	tirsaklagich
costas (f pl)	суянчиқ	suyanchiq
gaveta (f)	ғаладон	g'aladon

70. Quarto de dormir

roupa (f) de cama	чойшаб	choyshab
travesseiro (m)	ёстиқ	yostiq
fronha (f)	ёстиқ жилди	yostiq jildi
cobertor (m)	адёл	adyol
lençol (m)	чойшаб	choyshab
colcha (f)	ўрин ёпинғичи	o'rin yoping'ichi

71. Cozinha

cozinha (f)	ошхона	oshxona
gás (m)	газ	gaz
fogão (m) a gás	газ плитаси	gaz plitasi
fogão (m) elétrico	електр плитаси	elektr plitasi
forno (m)	духовка	duxovka
forno (m) de micro-ondas	микротўлқин печи	mikroto'lqin pechi

geladeira (f)	совутгич	sovutgich
congelador (m)	музлатгич	muzlatgich
máquina (f) de lavar louça	идиш-товоқ	idish-tovoq
	ювиш машинаси	yuvish mashinasi

moedor (m) de carne	гўштқиймалагич	go'shtqiymalagich
espremedor (m)	шарбациққич	sharbatsiqqich
torradeira (f)	тостер	toster
batedeira (f)	миксер	mikser

máquina (f) de café	кофе қайнатадиган асбоб	kofe qaynatadigan asbob
cafeteira (f)	кофе қайнатадиган идиш	kofe qaynatadigan idish
moedor (m) de café	кофе туядиган асбоб	kofe tuyadigan asbob

chaleira (f)	чойнак	choynak
bule (m)	чойнак	choynak
tampa (f)	қопқоқ	qopqoq
coador (m) de chá	сузгич	suzgich

colher (f)	қошиқ	qoshiq
colher (f) de chá	чой қошиғи	choy qoshig'i
colher (f) de sopa	ош қошиғи	osh qoshig'i
garfo (m)	санчқи	sanchqi

faca (f)	пичоқ	pichoq
louça (f)	идиш-товоқ	idish-tovoq
prato (m)	тарелка	tarelka
pires (m)	ликопча	likopcha
cálice (m)	қадаҳ	qadah
copo (m)	стакан	stakan
xícara (f)	косача	kosacha
açucareiro (m)	қанддон	qanddon
saleiro (m)	туздон	tuzdon
pimenteiro (m)	мурчдон	murchdon
manteigueira (f)	мой идиши	moy idishi
panela (f)	кастрюл	kastryul
frigideira (f)	това	tova
concha (f)	чўмич	cho'mich
coador (m)	човли	chovli
bandeja (f)	патнис	patnis
garrafa (f)	бутилка	butilka
pote (m) de vidro	банка	banka
lata (~ de cerveja)	банка	banka
abridor (m) de garrafa	очқич	ochqich
abridor (m) de latas	очқич	ochqich
saca-rolhas (m)	штопор	shtopor
filtro (m)	филтр	filtr
filtrar (vt)	филтрлаш	filtrlash
lixo (m)	ахлат	axlat
lixeira (f)	ахлат челак	axlat chelak

72. Casa de banho

banheiro (m)	ваннахона	vannaxona
água (f)	сув	suv
torneira (f)	жўмрак	jo'mrak
água (f) quente	иссиқ сув	issiq suv
água (f) fria	совуқ сув	sovuq suv
pasta (f) de dente	тиш пастаси	tish pastasi
escovar os dentes	тиш тозаламоқ	tish tozalamoq
escova (f) de dente	тиш чўткаси	tish cho'tkasi
barbear-se (vr)	соқол олмоқ	soqol olmoq
espuma (f) de barbear	соқол олиш учун кўпик	soqol olish uchun ko'pik
gilete (f)	устара	ustara
lavar (vt)	ювмоқ	yuvmoq
tomar banho	ювинмоқ	yuvinmoq
chuveiro (m), ducha (f)	душ	dush
tomar uma ducha	душ қабул қилиш	dush qabul qilish
banheira (f)	ванна	vanna

| vaso (m) sanitário | унитаз | unitaz |
| pia (f) | раковина | rakovina |

| sabonete (m) | совун | sovun |
| saboneteira (f) | совун қути | sovun quti |

esponja (f)	губка	gubka
xampu (m)	шампун	shampun
toalha (f)	сочиқ	sochiq
roupão (m) de banho	халат	xalat

lavagem (f)	кир ювиш	kir yuvish
lavadora (f) de roupas	кир ювиш машинаси	kir yuvish mashinasi
lavar a roupa	кир ювмоқ	kir yuvmoq
detergente (m)	кир ювиш порошоги	kir yuvish poroshogi

73. Eletrodomésticos

televisor (m)	телевизор	televizor
gravador (m)	магнитофон	magnitofon
videogravador (m)	видеомагнитофон	videomagnitofon
rádio (m)	приёмник	priyomnik
leitor (m)	плеер	pleer

projetor (m)	видеопроектор	videoproektor
cinema (m) em casa	уй кинотеатри	uy kinoteatri
DVD Player (m)	ДВД проигриватели	DVD proigrivateli
amplificador (m)	кучайтиргич	kuchaytirgich
console (f) de jogos	ўйин приставкаси	o'yin pristavkasi

câmera (f) de vídeo	видеокамера	videokamera
máquina (f) fotográfica	фотоаппарат	fotoapparat
câmera (f) digital	рақамли фотоаппарат	raqamli fotoapparat

aspirador (m)	чангютгич	changyutgich
ferro (m) de passar	дазмол	dazmol
tábua (f) de passar	дазмол тахта	dazmol taxta

telefone (m)	телефон	telefon
celular (m)	мобил телефон	mobil telefon
máquina (f) de escrever	ёзув машинкаси	yozuv mashinkasi
máquina (f) de costura	тикув машинкаси	tikuv mashinkasi

microfone (m)	микрофон	mikrofon
fone (m) de ouvido	наушниклар	naushniklar
controle remoto (m)	пулт	pult

CD (m)	СД-диск	CD-disk
fita (f) cassete	кассета	kasseta
disco (m) de vinil	пластинка	plastinka

A TERRA. TEMPO

74. Espaço sideral

espaço, cosmo (m)	космос	kosmos
espacial, cósmico (adj)	космик	kosmik
espaço (m) cósmico	космик фазо	kosmik fazo
mundo (m)	олам	olam
universo (m)	коинот	koinot
galáxia (f)	галактика	galaktika
estrela (f)	юлдуз	yulduz
constelação (f)	юлдузлар туркуми	yulduzlar turkumi
planeta (m)	планета	planeta
satélite (m)	йўлдош	yo'ldosh
meteorito (m)	метеорит	meteorit
cometa (m)	комета	kometa
asteroide (m)	астероид	asteroid
órbita (f)	орбита	orbita
girar (vi)	айланмоқ	aylanmoq
atmosfera (f)	атмосфера	atmosfera
Sol (m)	Қуёш	Quyosh
Sistema (m) Solar	Қуёш системаси	Quyosh sistemasi
eclipse (m) solar	Қуёш тутилиши	Quyosh tutilishi
Terra (f)	Ер	Er
Lua (f)	Ой	Oy
Marte (m)	Марс	Mars
Vênus (f)	Венера	Venera
Júpiter (m)	Юпитер	Yupiter
Saturno (m)	Сатурн	Saturn
Mercúrio (m)	Меркурий	Merkuriy
Urano (m)	Уран	Uran
Netuno (m)	Нептун	Neptun
Plutão (m)	Плутон	Pluton
Via Láctea (f)	Сомон йўли	Somon Yo'li
Ursa Maior (f)	Катта айиқ	Katta ayiq
Estrela Polar (f)	Қутб Юлдузи	Qutb Yulduzi
marciano (m)	марслик	marslik
extraterrestre (m)	ўзга сайёралик	o'zga sayyoralik
alienígena (m)	бегона	begona

disco (m) voador	учар ликопча	uchar likopcha
espaçonave (f)	космик кема	kosmik kema
estação (f) orbital	орбитал станция	orbital stantsiya
lançamento (m)	старт	start
motor (m)	двигател	dvigatel
bocal (m)	сопло	soplo
combustível (m)	ёқилғи	yoqilg'i
cabine (f)	кабина	kabina
antena (f)	антенна	antenna
vigia (f)	иллюминатор	illyuminator
bateria (f) solar	қуёш батареяси	quyosh batareyasi
traje (m) espacial	скафандр	skafandr
imponderabilidade (f)	вазнсизлик	vaznsizlik
oxigênio (m)	кислород	kislorod
acoplagem (f)	туташтириш	tutashtirish
fazer uma acoplagem	туташтирмоқ	tutashtirmoq
observatório (m)	обсерватория	observatoriya
telescópio (m)	телескоп	teleskop
observar (vt)	кузатмоқ	kuzatmoq
explorar (vt)	тадқиқ қилмоқ	tadqiq qilmoq

75. A Terra

Terra (f)	Ер	Er
globo terrestre (Terra)	ер шари	er shari
planeta (m)	планета	planeta
atmosfera (f)	атмосфера	atmosfera
geografia (f)	география	geografiya
natureza (f)	табиат	tabiat
globo (mapa esférico)	глобус	globus
mapa (m)	харита	xarita
atlas (m)	атлас	atlas
Europa (f)	Европа	Evropa
Ásia (f)	Осиё	Osiyo
África (f)	Африка	Afrika
Austrália (f)	Австралия	Avstraliya
América (f)	Америка	Amerika
América (f) do Norte	Шимолий Америка	Shimoliy Amerika
América (f) do Sul	Жанубий Америка	Janubiy Amerika
Antártida (f)	Антарктида	Antarktida
Ártico (m)	Арктика	Arktika

76. Pontos cardeais

norte (m)	шимол	shimol
para norte	шимолга	shimolga
no norte	шимолда	shimolda
do norte (adj)	шимолий	shimoliy
sul (m)	жануб	janub
para sul	жанубга	janubga
no sul	жанубда	janubda
do sul (adj)	жанубий	janubiy
oeste, ocidente (m)	ғарб	g'arb
para oeste	ғарбга	g'arbga
no oeste	ғарбда	g'arbda
ocidental (adj)	ғарбий	g'arbiy
leste, oriente (m)	шарқ	sharq
para leste	шарққа	sharqga
no leste	шарқда	sharqda
oriental (adj)	шарқий	sharqiy

77. Mar. Oceano

mar (m)	денгиз	dengiz
oceano (m)	океан	okean
golfo (m)	кўрфаз	ko'rfaz
estreito (m)	бўғоз	bo'g'oz
terra (f) firme	йер, қуруқлик	yer, quruqlik
continente (m)	материк	materik
ilha (f)	орол	orol
península (f)	ярим орол	yarim orol
arquipélago (m)	архипелаг	arxipelag
baía (f)	кўрфаз	ko'rfaz
porto (m)	бандаргоҳ	bandargoh
lagoa (f)	лагуна	laguna
cabo (m)	бурун	burun
atol (m)	атолл	atoll
recife (m)	сув ичидаги қоя	suv ichidagi qoya
coral (m)	маржон	marjon
recife (m) de coral	маржон қоялари	marjon qoyalari
profundo (adj)	чуқур	chuqur
profundidade (f)	чуқурлик	chuqurlik
abismo (m)	тагсиз чуқурлик	tagsiz chuqurlik
fossa (f) oceânica	камгак	kamgak
corrente (f)	оқим	oqim
banhar (vt)	ювмоқ	yuvmoq
litoral (m)	қирғоқ	qirg'oq

costa (f)	қирғоқ бўйи	qirg'oq bo'yi
maré (f) alta	сувнинг кўтарилиши	suvning ko'tarilishi
refluxo (m)	сувнинг пасайиши	suvning pasayishi
restinga (f)	саёзлик	sayozlik
fundo (m)	туб	tub
onda (f)	тўлқин	to'lqin
crista (f) da onda	тўлқин ўркачи	to'lqin o'rkachi
espuma (f)	кўпик	ko'pik
tempestade (f)	довул	dovul
furacão (m)	бўрон	bo'ron
tsunami (m)	сунами	sunami
calmaria (f)	штил	shtil
calmo (adj)	тинч	tinch
polo (m)	қутб	qutb
polar (adj)	қутбий	qutbiy
latitude (f)	кенглик	kenglik
longitude (f)	узунлик	uzunlik
paralela (f)	параллел	parallel
equador (m)	экватор	ekvator
céu (m)	осмон	osmon
horizonte (m)	уфқ	ufq
ar (m)	ҳаво	havo
farol (m)	маёқ	mayoq
mergulhar (vi)	шўнғимоқ	sho'ng'imoq
afundar-se (vr)	чўкиб кетмоқ	cho'kib ketmoq
tesouros (m pl)	хазина	xazina

78. Nomes de Mares e Oceanos

Oceano (m) Atlântico	Атлантика океани	Atlantika okeani
Oceano (m) Índico	Ҳинд океани	Hind okeani
Oceano (m) Pacífico	Тинч океани	Tinch okeani
Oceano (m) Ártico	Шимолий Муз океани	Shimoliy Muz okeani
Mar (m) Negro	Қора денгиз	Qora dengiz
Mar (m) Vermelho	Қизил денгиз	Qizil dengiz
Mar (m) Amarelo	Сариқ денгиз	Sariq dengiz
Mar (m) Branco	Оқ денгиз	Oq dengiz
Mar (m) Cáspio	Каспий денгизи	Kaspiy dengizi
Mar (m) Morto	ўлик денгиз	o'lik dengiz
Mar (m) Mediterrâneo	ўрта ер денгизи	o'rta er dengizi
Mar (m) Egeu	Егей денгизи	Egey dengizi
Mar (m) Adriático	Адриатика денгизи	Adriatika dengizi
Mar (m) Arábico	Араб денгизи	Arab dengizi
Mar (m) do Japão	Япон денгизи	Yapon dengizi

Mar (m) de Bering	Беринг денгизи	Bering dengizi
Mar (m) da China Meridional	Жанубий-Хитой денгизи	Janubiy-Xitoy dengizi
Mar (m) de Coral	Маржон денгизи	Marjon dengizi
Mar (m) de Tasman	Тасман денгизи	Tasman dengizi
Mar (m) do Caribe	Кариб денгизи	Karib dengizi
Mar (m) de Barents	Баренц денгизи	Barents dengizi
Mar (m) de Kara	Кара денгизи	Kara dengizi
Mar (m) do Norte	Шимолий денгиз	Shimoliy dengiz
Mar (m) Báltico	Болтиқ денгизи	Boltiq dengizi
Mar (m) da Noruega	Норвегия денгизи	Norvegiya dengizi

79. Montanhas

montanha (f)	тоғ	tog'
cordilheira (f)	тоғ тизмалари	tog' tizmalari
serra (f)	тоғ тизмаси	tog' tizmasi
cume (m)	чўққи	cho'qqi
pico (m)	чўққи	cho'qqi
pé (m)	етак	etak
declive (m)	ёнбағир	yonbag'ir
vulcão (m)	вулқон	vulqon
vulcão (m) ativo	ҳаракатдаги вулқон	harakatdagi vulqon
vulcão (m) extinto	ўчган вулқон	o'chgan vulqon
erupção (f)	отилиш	otilish
cratera (f)	кратер	krater
magma (m)	магма	magma
lava (f)	лава	lava
fundido (lava ~a)	қизиган	qizigan
cânion, desfiladeiro (m)	канён	kanyon
garganta (f)	дара	dara
fenda (f)	тоғ оралиғи	tog' oralig'i
precipício (m)	жарлик, тик жар	jarlik, tik jar
passo, colo (m)	довон	dovon
planalto (m)	ясси тоғ	yassi tog'
falésia (f)	қоя	qoya
colina (f)	тепалик	tepalik
geleira (f)	музлик	muzlik
cachoeira (f)	шаршара	sharshara
gêiser (m)	гейзер	geyzer
lago (m)	кўл	ko'l
planície (f)	текислик	tekislik
paisagem (f)	манзара	manzara
eco (m)	акс-садо	aks-sado
alpinista (m)	алпинист	alpinist

escalador (m)	қояларга чиқувчи спортчи	qoyalarga chiquvchi sportchi
conquistar (vt)	забт этмоқ	zabt etmoq
subida, escalada (f)	тоққа чиқиш	toqqa chiqish

80. Nomes de montanhas

Alpes (m pl)	Алп тоғлари	Alp tog'lari
Monte Branco (m)	Монблан	Monblan
Pirineus (m pl)	Пиреней тоғлари	Pireney tog'lari
Cárpatos (m pl)	Карпат тоғлари	Karpat tog'lari
Urais (m pl)	Урал тоғлари	Ural tog'lari
Cáucaso (m)	Кавказ	Kavkaz
Elbrus (m)	Елбрус	Elbrus
Altai (m)	Олтой тоғлари	Oltoy tog'lari
Tian Shan (m)	Тян-Шан	Tyan-Shan
Pamir (m)	Помир	Pomir
Himalaia (m)	Ҳималай тоғлари	Himalay tog'lari
monte Everest (m)	Еверест	Everest
Cordilheira (f) dos Andes	Анд тоғлари	And tog'lari
Kilimanjaro (m)	Килиманжаро	Kilimanjaro

81. Rios

rio (m)	дарё	daryo
fonte, nascente (f)	булоқ	buloq
leito (m) de rio	ўзан	o'zan
bacia (f)	ҳовуз	hovuz
desaguar no ...	... га қўшилмоқ	... ga qo'shilmoq
afluente (m)	ирмоқ	irmoq
margem (do rio)	қирғоқ	qirg'oq
corrente (f)	оқим	oqim
rio abaixo	оқимнинг қуйиси бўйича	oqimning quyisi bo'yicha
rio acima	оқимнинг юқориси бўйича	oqimning yuqorisi bo'yicha
inundação (f)	сув босиши	suv bosishi
cheia (f)	сув тошқини	suv toshqini
transbordar (vi)	дарёнинг тошиши	daryoning toshishi
inundar (vt)	сув бостирмоқ	suv bostirmoq
banco (m) de areia	саёзлик	sayozlik
corredeira (f)	остонатош	ostonatosh
barragem (f)	тўғон	to'g'on
canal (m)	канал	kanal
reservatório (m) de água	сув омбори	suv ombori
eclusa (f)	шлюз	shlyuz
corpo (m) de água	ҳавза	havza

pântano (m)	**ботқоқ**	botqoq
lamaçal (m)	**ботқоқлик**	botqoqlik
redemoinho (m)	**гирдоб**	girdob
riacho (m)	**жилға**	jilg'a
potável (adj)	**ичиладиган**	ichiladigan
doce (água)	**чучук**	chuchuk
gelo (m)	**муз**	muz
congelar-se (vr)	**музлаб қолмоқ**	muzlab qolmoq

82. Nomes de rios

rio Sena (m)	**Сена**	Sena
rio Loire (m)	**Луара**	Luara
rio Tâmisa (m)	**Темза**	Temza
rio Reno (m)	**Рейн**	Reyn
rio Danúbio (m)	**Дунай**	Dunay
rio Volga (m)	**Волга**	Volga
rio Don (m)	**Дон**	Don
rio Lena (m)	**Лена**	Lena
rio Amarelo (m)	**Хуанхе**	Xuanxe
rio Yangtzé (m)	**Янцзи**	Yantszi
rio Mekong (m)	**Меконг**	Mekong
rio Ganges (m)	**Ганг**	Gang
rio Nilo (m)	**Нил**	Nil
rio Congo (m)	**Конго**	Kongo
rio Cubango (m)	**Окаванго**	Okavango
rio Zambeze (m)	**Замбези**	Zambezi
rio Limpopo (m)	**Лимпопо**	Limpopo
rio Mississippi (m)	**Миссисипи**	Missisipi

83. Floresta

floresta (f), bosque (m)	**ўрмон**	o'rmon
florestal (adj)	**ўрмон**	o'rmon
mata (f) fechada	**чангалзор**	changalzor
arvoredo (m)	**дарахтзор**	daraxtzor
clareira (f)	**яланглик**	yalanglik
matagal (m)	**чангалзор**	changalzor
mato (m), caatinga (f)	**бутазор**	butazor
pequena trilha (f)	**сўқмоқча**	so'qmoqcha
ravina (f)	**жарлик**	jarlik
árvore (f)	**дарахт**	daraxt
folha (f)	**барг**	barg

folhagem (f)	барглар	barglar
queda (f) das folhas	хазонрезгилик	xazonrezgilik
cair (vi)	тӯкилмоқ	to'kilmoq
topo (m)	уч	uch
ramo (m)	шох	shox
galho (m)	бутоқ	butoq
botão (m)	куртак	kurtak
agulha (f)	игна	igna
pinha (f)	ғудда	g'udda
buraco (m) de árvore	ковак	kovak
ninho (m)	уя	uya
toca (f)	ин	in
tronco (m)	тана	tana
raiz (f)	илдиз	ildiz
casca (f) de árvore	пӯстлоқ	po'stloq
musgo (m)	мох	mox
arrancar pela raiz	кавламоқ	kavlamoq
cortar (vt)	чопмоқ	chopmoq
desflorestar (vt)	кесиб ташламоқ	kesib tashlamoq
toco, cepo (m)	тӯнка	to'nka
fogueira (f)	гулхан	gulxan
incêndio (m) florestal	ёнғин	yong'in
apagar (vt)	ӯчирмоқ	o'chirmoq
guarda-parque (m)	ӯрмончи	o'rmonchi
proteção (f)	муҳофаза	muhofaza
proteger (a natureza)	муҳофаза қилмоқ	muhofaza qilmoq
caçador (m) furtivo	браконер	brakoner
armadilha (f)	қопқон	qopqon
colher (cogumelos, bagas)	термоқ	termoq
perder-se (vr)	адашиб қолмоқ	adashib qolmoq

84. Recursos naturais

recursos (m pl) naturais	табиий ресурслар	tabiiy resurslar
minerais (m pl)	фойдали қазилмалар	foydali qazilmalar
depósitos (m pl)	қатлам бӯлиб ётган конлар	qatlam bo'lib yotgan konlar
jazida (f)	кон	kon
extrair (vt)	қазиб олмоқ	qazib olmoq
extração (f)	кончилик	konchilik
minério (m)	руда	ruda
mina (f)	кон	kon
poço (m) de mina	шахта	shaxta
mineiro (m)	кончи	konchi
gás (m)	газ	gaz
gasoduto (m)	газ қувури	gaz quvuri

petróleo (m)	нефт	neft
oleoduto (m)	нефт қувури	neft quvuri
poço (m) de petróleo	нефт минораси	neft minorasi
torre (f) petrolífera	бурғилаш минораси	burg'ilash minorasi
petroleiro (m)	танкер	tanker
areia (f)	қум	qum
calcário (m)	оҳактош	ohaktosh
cascalho (m)	шағал	shag'al
turfa (f)	торф	torf
argila (f)	лой	loy
carvão (m)	кўмир	ko'mir
ferro (m)	темир	temir
ouro (m)	олтин	oltin
prata (f)	кумуш	kumush
níquel (m)	никел	nikel
cobre (m)	мис	mis
zinco (m)	рух	rux
manganês (m)	марганец	marganets
mercúrio (m)	симоб	simob
chumbo (m)	қўрғошин	qo'rg'oshin
mineral (m)	минерал	mineral
cristal (m)	кристалл	kristall
mármore (m)	мармар	marmar
urânio (m)	уран	uran

85. Tempo

tempo (m)	об-ҳаво	ob-havo
previsão (f) do tempo	об-ҳаво маълумоти	ob-havo ma'lumoti
temperatura (f)	ҳарорат	harorat
termômetro (m)	термометр	termometr
barômetro (m)	барометр	barometr
úmido (adj)	нам	nam
umidade (f)	намлик	namlik
calor (m)	иссиқ	issiq
tórrido (adj)	жазирама	jazirama
está muito calor	иссиқ	issiq
está calor	илиқ	iliq
quente (morno)	илиқ	iliq
está frio	совуқ	sovuq
frio (adj)	совуқ	sovuq
sol (m)	қуёш	quyosh
brilhar (vi)	нур сочмоқ	nur sochmoq
de sol, ensolarado	қуёшли	quyoshli
nascer (vi)	чиқмоқ	chiqmoq
pôr-se (vr)	ўтирмоқ	o'tirmoq

nuvem (f)	булут	bulut
nublado (adj)	булутли	bulutli
nuvem (f) preta	булут	bulut
escuro, cinzento (adj)	булутли	bulutli
chuva (f)	ёмғир	yomg'ir
está a chover	ёмғир ёғяпти	yomg'ir yog'yapti
chuvoso (adj)	ёмғирли	yomg'irli
chuviscar (vi)	майдалаб ёғмоқ	maydalab yog'moq
chuva (f) torrencial	шаррос ёмғир	sharros yomg'ir
aguaceiro (m)	жала	jala
forte (chuva, etc.)	кучли	kuchli
poça (f)	кўлмак	ko'lmak
molhar-se (vr)	хўл бўлмоқ	xo'l bo'lmoq
nevoeiro (m)	туман	tuman
de nevoeiro	туманли	tumanli
neve (f)	қор	qor
está nevando	қор ёғяпти	qor yog'yapti

86. Tempo extremo. Catástrofes naturais

trovoada (f)	момақалдироқ	momaqaldiroq
relâmpago (m)	чақмоқ	chaqmoq
relampejar (vi)	чарақламоқ	charaqlamoq
trovão (m)	момақалдироқ	momaqaldiroq
trovejar (vi)	гумбурламоқ	gumburlamoq
está trovejando	момақалдироқ гумбурлаяпти	momaqaldiroq gumburlayapti
granizo (m)	дўл	do'l
está caindo granizo	дўл ёғяпти	do'l yog'yapti
inundar (vt)	сув бостирмоқ	suv bostirmoq
inundação (f)	сув босиши	suv bosishi
terremoto (m)	зилзила	zilzila
abalo, tremor (m)	силкиниш	silkinish
epicentro (m)	епицентр	epitsentr
erupção (f)	отилиш	otilish
lava (f)	лава	lava
tornado (m)	қуюн	quyun
tornado (m)	торнадо	tornado
tufão (m)	тўфон	to'fon
furacão (m)	бўрон	bo'ron
tempestade (f)	довул	dovul
tsunami (m)	сунами	sunami
ciclone (m)	сиклон	siklon
mau tempo (m)	ёғингарчилик	yog'ingarchilik

incêndio (m)	ёнғин	yong'in
catástrofe (f)	халокат	halokat
meteorito (m)	метеорит	meteorit
avalanche (f)	кўчки	ko'chki
deslizamento (m) de neve	қор кўчкиси	qor ko'chkisi
nevasca (f)	қор бўрони	qor bo'roni
tempestade (f) de neve	қор бўралаши	qor bo'ralashi

FAUNA

87. Mamíferos. Predadores

predador (m)	йиртқич	yirtqich
tigre (m)	йўлбарс	yo'lbars
leão (m)	шер	sher
lobo (m)	бўри	bo'ri
raposa (f)	тулки	tulki
jaguar (m)	ягуар	yaguar
leopardo (m)	қоплон	qoplon
chita (f)	гепард	gepard
pantera (f)	қора қоплон	qora qoplon
puma (m)	пума	puma
leopardo-das-neves (m)	қор қоплони	qor qoploni
lince (m)	силовсин	silovsin
coiote (m)	коёт	koyot
chacal (m)	шоқол	shoqol
hiena (f)	сиртлон	sirtlon

88. Animais selvagens

animal (m)	жонивор	jonivor
besta (f)	ҳайвон	hayvon
esquilo (m)	олмахон	olmaxon
ouriço (m)	типратикан	tipratikan
lebre (f)	қуён	quyon
coelho (m)	қуён	quyon
texugo (m)	бўрсиқ	bo'rsiq
guaxinim (m)	енот	enot
hamster (m)	оғмахон	og'maxon
marmota (f)	суғур	sug'ur
toupeira (f)	кўр каламуш	ko'r kalamush
rato (m)	сичқон	sichqon
ratazana (f)	каламуш	kalamush
morcego (m)	кўршапалак	ko'rshapalak
arminho (m)	оқсувсар	oqsuvsar
zibelina (f)	собол	sobol
marta (f)	сувсар	suvsar
doninha (f)	латча	latcha
visom (m)	қоракўзан	qorako'zan

castor (m)	сув қундузи	suv qunduzi
lontra (f)	қундуз	qunduz
cavalo (m)	от	ot
alce (m)	лос	los
veado (m)	буғу	bug'u
camelo (m)	туя	tuya
bisão (m)	бизон	bizon
auroque (m)	зубр	zubr
búfalo (m)	буйвол	buyvol
zebra (f)	зебра	zebra
antílope (m)	антилопа	antilopa
corça (f)	кичик буғу	kichik bug'u
gamo (m)	кийик	kiyik
camurça (f)	тоғ кийик	tog' kiyik
javali (m)	тўнғиз	to'ng'iz
baleia (f)	кит	kit
foca (f)	тюлен	tyulen
morsa (f)	морж	morj
urso-marinho (m)	денгиз мушуги	dengiz mushugi
golfinho (m)	делфин	delfin
urso (m)	айиқ	ayiq
urso (m) polar	оқ айиқ	oq ayiq
panda (m)	панда	panda
macaco (m)	маймун	maymun
chimpanzé (m)	шимпанзе	shimpanze
orangotango (m)	орангутанг	orangutang
gorila (f)	горилла	gorilla
macaco (m)	макака	makaka
gibão (m)	гиббон	gibbon
elefante (m)	фил	fil
rinoceronte (m)	каркидон	karkidon
girafa (f)	жираф	jiraf
hipopótamo (m)	бегемот	begemot
canguru (m)	кенгуру	kenguru
coala (m)	коала	koala
mangusto (m)	мангуст	mangust
chinchila (f)	шиншилла	shinshilla
cangambá (f)	сассиқ кўзан	sassiq ko'zan
porco-espinho (m)	жайра	jayra

89. Animais domésticos

gata (f)	мушук	mushuk
gato (m) macho	мушук	mushuk
cão (m)	ит	it

cavalo (m)	от	ot
garanhão (m)	айғир	ayg'ir
égua (f)	бия	biya

vaca (f)	мол	mol
touro (m)	буқа	buqa
boi (m)	хўкиз	ho'kiz

ovelha (f)	қўй	qo'y
carneiro (m)	қўчқор	qo'chqor
cabra (f)	ечки	echki
bode (m)	така	taka

| burro (m) | ешак | eshak |
| mula (f) | хачир | xachir |

porco (m)	чўчқа	cho'chqa
leitão (m)	чўчқа боласи	cho'chqa bolasi
coelho (m)	қуён	quyon

| galinha (f) | товуқ | tovuq |
| galo (m) | хўроз | xo'roz |

pata (f), pato (m)	ўрдак	o'rdak
pato (m)	ўрдак	o'rdak
ganso (m)	ғоз	g'oz

| peru (m) | курка | kurka |
| perua (f) | курка | kurka |

animais (m pl) domésticos	уй ҳайвонлари	uy hayvonlari
domesticado (adj)	қўлга ўргатилган	qo'lga o'rgatilgan
domesticar (vt)	қўлга ўргатмоқ	qo'lga o'rgatmoq
criar (vt)	боқмоқ	boqmoq

fazenda (f)	ферма	ferma
aves (f pl) domésticas	уй паррандаси	uy parrandasi
gado (m)	мол	mol
rebanho (m), manada (f)	пода	poda

estábulo (m)	отхона	otxona
chiqueiro (m)	чўчқахона	cho'chqaxona
estábulo (m)	молхона	molxona
coelheira (f)	қуёнхона	quyonxona
galinheiro (m)	товуқхона	tovuqxona

90. Pássaros

pássaro (m), ave (f)	қуш	qush
pombo (m)	каптар	kaptar
pardal (m)	чумчуқ	chumchuq
chapim-real (m)	читтак	chittak
pega-rabuda (f)	ҳакка	hakka
corvo (m)	қарға	qarg'a

gralha-cinzenta (f)	қарға	qarg'a
gralha-de-nuca-cinzenta (f)	зоғча	zog'cha
gralha-calva (f)	гўнгқарға	go'ngqarg'a

pato (m)	ўрдак	o'rdak
ganso (m)	ғоз	g'oz
faisão (m)	қирғовул	qirg'ovul

águia (f)	бургут	burgut
açor (m)	қирғий	qirg'iy
falcão (m)	лочин	lochin
abutre (m)	калхат	kalxat
condor (m)	кондор	kondor

cisne (m)	оққуш	oqqush
grou (m)	турна	turna
cegonha (f)	лайлак	laylak

papagaio (m)	тўтиқуш	to'tiqush
beija-flor (m)	колибри	kolibri
pavão (m)	товус	tovus

avestruz (m)	туяқуш	tuyaqush
garça (f)	қарқара	qarqara
flamingo (m)	фламинго	flamingo
pelicano (m)	сақоқуш	saqoqush

| rouxinol (m) | булбул | bulbul |
| andorinha (f) | қалдирғоч | qaldirg'och |

tordo-zornal (m)	қораялоқ	qorayaloq
tordo-músico (m)	сайроқи қораялоқ	sayroqi qorayaloq
melro-preto (m)	қора қораялоқ	qora qorayaloq

andorinhão (m)	жарқалдирғоч	jarqaldirg'och
cotovia (f)	тўрғай	to'rg'ay
codorna (f)	бедана	bedana

pica-pau (m)	қизилиштон	qizilishton
cuco (m)	какку	kakku
coruja (f)	бойқуш	boyqush
bufo-real (m)	укки	ukki
tetraz-grande (m)	карқуш	karqush
tetraz-lira (m)	қур	qur
perdiz-cinzenta (f)	каклик	kaklik

estorninho (m)	чуғурчиқ	chug'urchiq
canário (m)	канарейка	kanareyka
galinha-do-mato (f)	булдуруқ	bulduruq

| tentilhão (m) | зяблик | zyablik |
| dom-fafe (m) | снегир | snegir |

gaivota (f)	чайка	chayka
albatroz (m)	албатрос	albatros
pinguim (m)	пингвин	pingvin

91. Peixes. Animais marinhos

brema (f)	лешч	leshch
carpa (f)	зоғорабалиқ	zog'orabaliq
perca (f)	олабуға	olabug'a
siluro (m)	лаққа балиқ	laqqa baliq
lúcio (m)	чўртанбалиқ	cho'rtanbaliq
salmão (m)	лосос	losos
esturjão (m)	осётр	osyotr
arenque (m)	селд	seld
salmão (m) do Atlântico	сёмга	syomga
cavala, sarda (f)	скумбрия	skumbriya
solha (f), linguado (m)	камбала	kambala
lúcio perca (m)	судак	sudak
bacalhau (m)	треска	treska
atum (m)	тунец	tunets
truta (f)	форел	forel
enguia (f)	илонбалиқ	ilonbaliq
raia (f) elétrica	electр скат	elektr skat
moreia (f)	мурена	murena
piranha (f)	пираня	piranya
tubarão (m)	акула	akula
golfinho (m)	делфин	delfin
baleia (f)	кит	kit
caranguejo (m)	қисқичбақа	qisqichbaqa
água-viva (f)	медуза	meduza
polvo (m)	саккизоёқ	sakkizoyoq
estrela-do-mar (f)	денгиз юлдузи	dengiz yulduzi
ouriço-do-mar (m)	денгиз кирписи	dengiz kirpisi
cavalo-marinho (m)	денгиз оти	dengiz oti
ostra (f)	устрица	ustritsa
camarão (m)	креветка	krevetka
lagosta (f)	омар	omar
lagosta (f)	лангуст	langust

92. Anfíbios. Répteis

cobra (f)	илон	ilon
venenoso (adj)	заҳарли	zaharli
víbora (f)	қора илон	qora ilon
naja (f)	кобра	kobra
píton (m)	питон	piton
jiboia (f)	бўғма илон	bo'g'ma ilon
cobra-de-água (f)	сувилон	suvilon

cascavel (f)	шақилдоқ илон	shaqildoq ilon
anaconda (f)	анаконда	anakonda
lagarto (m)	калтакесак	kaltakesak
iguana (f)	игуана	iguana
varano (m)	ечкиемар	echkiemar
salamandra (f)	саламандра	salamandra
camaleão (m)	хамелеон	xameleon
escorpião (m)	чаён	chayon
tartaruga (f)	тошбақа	toshbaqa
rã (f)	бақа	baqa
sapo (m)	қурбақа	qurbaqa
crocodilo (m)	тимсоҳ	timsoh

93. Insetos

inseto (m)	ҳашарот	hasharot
borboleta (f)	капалак	kapalak
formiga (f)	чумоли	chumoli
mosca (f)	пашша	pashsha
mosquito (m)	чивин	chivin
escaravelho (m)	қўнғиз	qo'ng'iz
vespa (f)	ари	ari
abelha (f)	асалари	asalari
mamangaba (f)	қовоқари	qovoqari
moscardo (m)	сўна	so'na
aranha (f)	ўргимчак	o'rgimchak
teia (f) de aranha	ўргимчак ини	o'rgimchak ini
libélula (f)	ниначи	ninachi
gafanhoto (m)	чигиртка	chigirtka
traça (f)	парвона	parvona
barata (f)	суварак	suvarak
carrapato (m)	кана	kana
pulga (f)	бурга	burga
borrachudo (m)	майда чивин	mayda chivin
gafanhoto (m)	чигиртка	chigirtka
caracol (m)	шиллиқ қурт	shilliq qurt
grilo (m)	қора чигиртка	qora chigirtka
pirilampo, vaga-lume (m)	ялтироқ қўнғиз	yaltiroq qo'ng'iz
joaninha (f)	хонқизи	xonqizi
besouro (m)	тиллақўнғиз	tillaqo'ng'iz
sanguessuga (f)	зулук	zuluk
lagarta (f)	капалак қурти	kapalak qurti
minhoca (f)	чувалчанг	chuvalchang
larva (f)	қурт	qurt

FLORA

94. Árvores

árvore (f)	дарахт	daraxt
decídua (adj)	баргли	bargli
conífera (adj)	игнабаргли	ignabargli
perene (adj)	доимяшил	doimyashil
macieira (f)	олма	olma
pereira (f)	нок	nok
cerejeira (f)	гилос	gilos
ginjeira (f)	олча	olcha
ameixeira (f)	олхӯри	olxo'ri
bétula (f)	оқ қайин	oq qayin
carvalho (m)	еман	eman
tília (f)	жўка дарахти	jo'ka daraxti
choupo-tremedor (m)	тоғтерак	tog'terak
bordo (m)	заранг дарахти	zarang daraxti
espruce (m)	қорақарағай	qoraqarag'ay
pinheiro (m)	қарағай	qarag'ay
alerce, lariço (m)	тилоғоч	tilog'och
abeto (m)	оққарағай	oqqarag'ay
cedro (m)	кедр	kedr
choupo, álamo (m)	терак	terak
tramazeira (f)	четан	chetan
salgueiro (m)	мажнунтол	majnuntol
amieiro (m)	олха	olxa
faia (f)	қора қайин	qora qayin
ulmeiro, olmo (m)	қайрағоч	qayrag'och
freixo (m)	шумтол	shumtol
castanheiro (m)	каштан	kashtan
magnólia (f)	магнолия	magnoliya
palmeira (f)	палма	palma
cipreste (m)	кипарис	kiparis
mangue (m)	мангро дарахти	mangro daraxti
embondeiro, baobá (m)	баобаб	baobab
eucalipto (m)	евкалипт	evkalipt
sequoia (f)	секвойя	sekvoyya

95. Arbustos

arbusto (m)	бута	buta
arbusto (m), moita (f)	бутазор	butazor

| videira (f) | узум | uzum |
| vinhedo (m) | узумзор | uzumzor |

framboeseira (f)	малина	malina
groselheira-negra (f)	қора смородина	qora smorodina
groselheira-vermelha (f)	қизил смородина	qizil smorodina
groselheira (f) espinhosa	крижовник	krijovnik

acácia (f)	акация	akatsiya
bérberis (f)	зирк	zirk
jasmim (m)	ясмин	yasmin

junípero (m)	қора арча	qora archa
roseira (f)	атиргул тупи	atirgul tupi
roseira (f) brava	наъматак	na'matak

96. Frutos. Bagas

fruta (f)	мева	meva
frutas (f pl)	мевалар	mevalar
maçã (f)	олма	olma
pera (f)	нок	nok
ameixa (f)	олхўри	olxo'ri

morango (m)	кулупнай	qulupnay
ginja (f)	олча	olcha
cereja (f)	гилос	gilos
uva (f)	узум	uzum

framboesa (f)	малина	malina
groselha (f) negra	қора смородина	qora smorodina
groselha (f) vermelha	қизил смородина	qizil smorodina
groselha (f) espinhosa	крижовник	krijovnik
oxicoco (m)	клюква	klyukva

laranja (f)	апелсин	apelsin
tangerina (f)	мандарин	mandarin
abacaxi (m)	ананас	ananas

| banana (f) | банан | banan |
| tâmara (f) | хурмо | xurmo |

limão (m)	лимон	limon
damasco (m)	ўрик	o'rik
pêssego (m)	шафтоли	shaftoli

| quiuí (m) | киви | kivi |
| toranja (f) | грейпфрут | greypfrut |

baga (f)	реза мева	reza meva
bagas (f pl)	реза мевалар	reza mevalar
arando (m) vermelho	брусника	brusnika
morango-silvestre (m)	йертут	yertut
mirtilo (m)	черника	chernika

97. Flores. Plantas

flor (f)	гул	gul
buquê (m) de flores	даста	dasta
rosa (f)	атиргул	atirgul
tulipa (f)	лола	lola
cravo (m)	чиннигул	chinnigul
gladíolo (m)	гладиолус	gladiolus
centáurea (f)	бўтакўз	bo'tako'z
campainha (f)	қўнғироқгул	qo'ng'iroqgul
dente-de-leão (m)	момақаймоқ	momaqaymoq
camomila (f)	мойчечак	moychechak
aloé (m)	алое	aloe
cacto (m)	кактус	kaktus
fícus (m)	фикус	fikus
lírio (m)	лилия	liliya
gerânio (m)	ёронгул	yorongul
jacinto (m)	сунбул	sunbul
mimosa (f)	мимоза	mimoza
narciso (m)	наргис	nargis
capuchinha (f)	лотин чечаги	lotin chechagi
orquídea (f)	орхидея	orxideya
peônia (f)	саллагул	sallagul
violeta (f)	бинафша	binafsha
amor-perfeito (m)	капалакгул	kapalakgul
não-me-esqueças (m)	бўтакўз	bo'tako'z
margarida (f)	дасторгул	dastorgul
papoula (f)	кўкнор	ko'knor
cânhamo (m)	наша ўсимлиги	nasha o'simligi
hortelã, menta (f)	ялпиз	yalpiz
lírio-do-vale (m)	марваридгул	marvaridgul
campânula-branca (f)	бойчечак	boychechak
urtiga (f)	қичитқи ўт	qichitqi o't
azedinha (f)	шовул	shovul
nenúfar (m)	нилфия	nilfiya
samambaia (f)	қирққулоқ	qirqquloq
líquen (m)	лишайник	lishaynik
estufa (f)	оранжерея	oranjereya
gramado (m)	газон	gazon
canteiro (m) de flores	клумба	klumba
planta (f)	ўсимлик	o'simlik
grama (f)	ўт	o't
folha (f) de grama	ўт пояси	o't poyasi

folha (f)	барг	barg
pétala (f)	гулбарг	gulbarg
talo (m)	поя	poya
tubérculo (m)	тугунак	tugunak
broto, rebento (m)	куртак	kurtak
espinho (m)	тиканак	tikanak
florescer (vi)	гулламоқ	gullamoq
murchar (vi)	сўлимоқ	so'limoq
cheiro (m)	ҳид	hid
cortar (flores)	кесиб олмоқ	kesib olmoq
colher (uma flor)	узмоқ, узиб олмоқ	uzmoq, uzib olmoq

98. Cereais, grãos

grão (m)	ғалла	g'alla
cereais (plantas)	ғалла ўсимликлари	g'alla o'simliklari
espiga (f)	бошоқ	boshoq
trigo (m)	буғдой	bug'doy
centeio (m)	жавдар	javdar
aveia (f)	сули	suli
painço (m)	тариқ	tariq
cevada (f)	арпа	arpa
milho (m)	маккажўхори	makkajo'xori
arroz (m)	шоли	sholi
trigo-sarraceno (m)	гречиха	grechixa
ervilha (f)	нўхат	no'xat
feijão (m) roxo	ловия	loviya
soja (f)	соя	soya
lentilha (f)	ясмиқ	yasmiq
feijão (m)	дуккакли ўсимликлар	dukkakli o'simliklar

PAÍSES DO MUNDO

99. Países. Parte 1

Afeganistão (m)	Афғонистон	Afg'oniston
África (f) do Sul	Жанубий Африка Республикаси	Janubiy Afrika Respublikasi
Albânia (f)	Албания	Albaniya
Alemanha (f)	Германия	Germaniya
Arábia (f) Saudita	Саудия арабистони	Saudiya arabistoni
Argentina (f)	Аргентина	Argentina
Armênia (f)	Арманистон	Armaniston
Austrália (f)	Австралия	Avstraliya
Áustria (f)	Австрия	Avstriya
Azerbaijão (m)	Озарбайжон	Ozarbayjon
Bahamas (f pl)	Багам ороллари	Bagam orollari
Bangladesh (m)	Бангладеш	Bangladesh
Bélgica (f)	Белгия	Belgiya
Belarus	Беларус	Belarus
Bolívia (f)	Боливия	Boliviya
Bósnia e Herzegovina (f)	Босния ва Герцеговина	Bosniya va Gertsegovina
Brasil (m)	Бразилия	Braziliya
Bulgária (f)	Болгария	Bolgariya
Camboja (f)	Камбоджа	Kambodja
Canadá (m)	Канада	Kanada
Cazaquistão (m)	Қозоғистон	Qozog'iston
Chile (m)	Чили	Chili
China (f)	Хитой	Xitoy
Chipre (m)	Кипр	Kipr
Colômbia (f)	Колумбия	Kolumbiya
Coreia (f) do Norte	Шимолий корея	Shimoliy koreya
Coreia (f) do Sul	Жанубий Корея	Janubiy Koreya
Croácia (f)	Хорватия	Xorvatiya
Cuba (f)	Куба	Kuba
Dinamarca (f)	Дания	Daniya
Egito (m)	Миср	Misr
Emirados Árabes Unidos	Бирлашган Араб Амирликлари	Birlashgan Arab Amirliklari
Equador (m)	Эквадор	Ekvador
Escócia (f)	Шотландия	Shotlandiya
Eslováquia (f)	Словакия	Slovakiya
Eslovênia (f)	Словения	Sloveniya
Espanha (f)	Испания	Ispaniya
Estados Unidos da América	Америка Кўшма Штатлари	Amerika Qo'shma Shtatlari
Estônia (f)	Естония	Estoniya

| Finlândia (f) | **Финляндия** | Finlyandiya |
| França (f) | **Франция** | Frantsiya |

100. Países. Parte 2

Gana (f)	**Гана**	Gana
Geórgia (f)	**Грузия**	Gruziya
Grã-Bretanha (f)	**Буюк Британия**	Buyuk Britaniya
Grécia (f)	**Греция**	Gretsiya
Haiti (m)	**Гаити**	Gaiti
Hungria (f)	**Венгрия**	Vengriya
Índia (f)	**Ҳиндистон**	Hindiston

Indonésia (f)	**Индонезия**	Indoneziya
Inglaterra (f)	**Англия**	Angliya
Irã (m)	**Ерон**	Eron
Iraque (m)	**Ироқ**	Iroq
Irlanda (f)	**Ирландия**	Irlandiya
Islândia (f)	**Исландия**	Islandiya
Israel (m)	**Исроил**	Isroil

Itália (f)	**Италия**	Italiya
Jamaica (f)	**Жамайка**	Jamayka
Japão (m)	**Япония**	Yaponiya
Jordânia (f)	**Иордания**	Iordaniya
Kuwait (m)	**Қувайт**	Quvayt

| Laos (m) | **Лаос** | Laos |
| Letônia (f) | **Латвия** | Latviya |

Líbano (m)	**Ливан**	Livan
Líbia (f)	**Ливия**	Liviya
Liechtenstein (m)	**Лихтенштейн**	Lixtenshteyn
Lituânia (f)	**Литва**	Litva
Luxemburgo (m)	**Люксембург**	Lyuksemburg

| Macedônia (f) | **Македония** | Makedoniya |
| Madagascar (m) | **Мадагаскар** | Madagaskar |

Malásia (f)	**Малайзия**	Malayziya
Malta (f)	**Малта**	Malta
Marrocos	**Марокаш**	Marokash
México (m)	**Мексика**	Meksika
Birmânia (f)	**Мянма**	Myanma

| Moldávia (f) | **Молдова** | Moldova |
| Mônaco (m) | **Монако** | Monako |

Mongólia (f)	**Мўғулистон**	Mo'g'uliston
Montenegro (m)	**Черногория**	Chernogoriya
Namíbia (f)	**Намибия**	Namibiya
Nepal (m)	**Непал**	Nepal
Noruega (f)	**Норвегия**	Norvegiya
Nova Zelândia (f)	**Янги Зеландия**	Yangi Zelandiya

101. Países. Parte 3

Países Baixos (m pl)	Нидерландия	Niderlandiya
Palestina (f)	Фаластин автономияси	Falastin avtonomiyasi
Panamá (m)	Панама	Panama
Paquistão (m)	Покистон	Pokiston
Paraguai (m)	Парагвай	Paragvay
Peru (m)	Перу	Peru
Polinésia (f) Francesa	Француз Полинезияси	Frantsuz Polineziyasi
Polônia (f)	Полша	Polsha
Portugal (m)	Португалия	Portugaliya
Quênia (f)	Кения	Keniya
Quirguistão (m)	Қирғизистон	Qirg'iziston
República (f) Checa	Чехия	Chexiya
República Dominicana	Доминикана республикаси	Dominikana respublikasi
Romênia (f)	Руминия	Ruminiya
Rússia (f)	Россия	Rossiya
Senegal (m)	Сенегал	Senegal
Sérvia (f)	Сербия	Serbiya
Síria (f)	Сурия	Suriya
Suécia (f)	Швеция	Shvetsiya
Suíça (f)	Швейцария	Shveytsariya
Suriname (m)	Суринам	Surinam
Tailândia (f)	Таиланд	Tailand
Taiwan (m)	Тайван	Tayvan
Tajiquistão (m)	Тожикистон	Tojikiston
Tanzânia (f)	Танзания	Tanzaniya
Tasmânia (f)	Тасмания	Tasmaniya
Tunísia (f)	Тунис	Tunis
Turquemenistão (m)	Туркманистон	Turkmaniston
Turquia (f)	Туркия	Turkiya
Ucrânia (f)	Украина	Ukraina
Uruguai (m)	Уругвай	Urugvay
Uzbequistão (f)	ўзбекистон	o'zbekiston
Vaticano (m)	Ватикан	Vatikan
Venezuela (f)	Венесуела	Venesuela
Vietnã (m)	Ветнам	Vetnam
Zanzibar (m)	Занзибар	Zanzibar

.